la Fran…

…IME !

Gilbert Qu…

CW01654406

hatier
international

Cambridge
Educational

Images de la France

La France... j'aime !

A Paris

En province, dans le Midi...

...et ailleurs.

Avec les Français.

Album

Boutique Langue

Des mots, des mots, des mots...

Paroles, paroles, paroles...

Trucs & bidules

Mémo ✉

Atlas ☆

Published by the Press Syndicate of the University of Cambridge, The Pitt Building, Trumpington Street, Cambridge CB2 1RP

First published in Great Britain by Cambridge University Press 1986; first published elsewhere by Hatier International 1985

ISBN 0 521 33932 4

Images de la France

IMAGES

fidèles ?
ressemblantes ?

TROMPEUSES ?

Images d'Epinal ?

images de MARQUE

Musée imaginaire ?

rêve ou RÉALITÉ ?

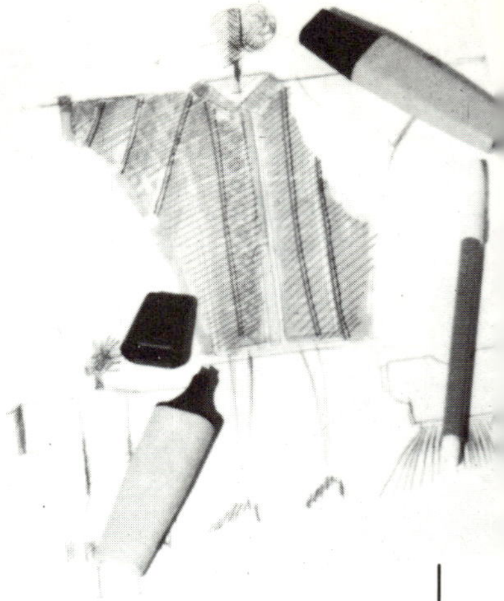

CHARME, CHIC,
ÉLÉGANCE ET SÉDUCTION

« Aucun mot n'est
trop grand trop fou
quand c'est pour elle.
Je lui songe
une robe
en nuages filés... »
Aragon
PARFUM
N°19
CHANEL
PARIS

« On parle du silence de la santé, du merveilleux silence de la santé. On pourrait aussi parler du silence du vêtement, du merveilleux silence du vêtement, c'est-à-dire le moment où le corps et le vêtement ne font plus qu'un, où l'on oublie complètement ce que l'on porte, où le vêtement ne vous parle pas, c'est-à-dire n'accroche pas, où l'on se sent aussi à l'aise vêtu que nu. Cet accord parfait entre corps et vêtement ne va guère sans un accord parfait entre esprit et corps, vêtement et esprit. L'élégance ne serait-elle pas l'oubli total de ce que l'on porte ? »

Y. Saint-Laurent, Le Monde - 8.12.83

« La haute couture est indispensable à la réalité d'une société civilisée. Car elle fixe non seulement l'apparence du corps mais un comportement, un style — si une femme a un corset ou n'en porte pas, sa tenue sur une chaise est différente, comme avec ou sans talons, sa démarche est autre. La mode atteint donc la structure et même, j'en suis persuadé, les relations entre les êtres. C'est une pensée qui se traduit par des formes. C'est une philosophie en action. La survie ou le développement de la haute couture sont des signes de santé d'une société. »

Cardin, Arts - 11.09.81

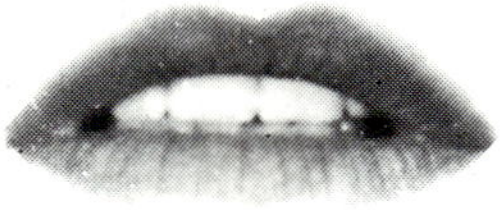

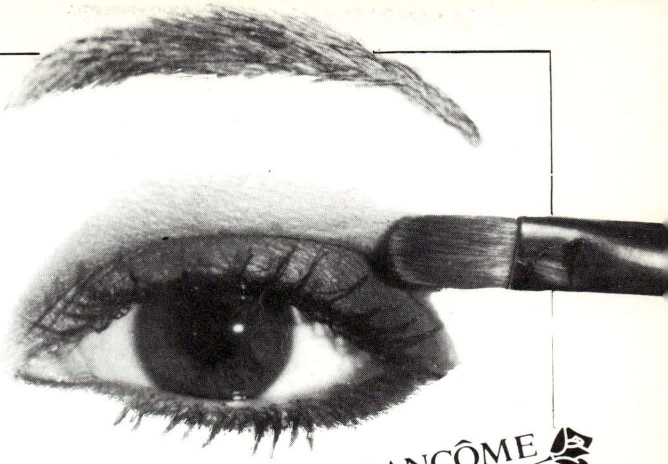

LANCÔME
PARIS

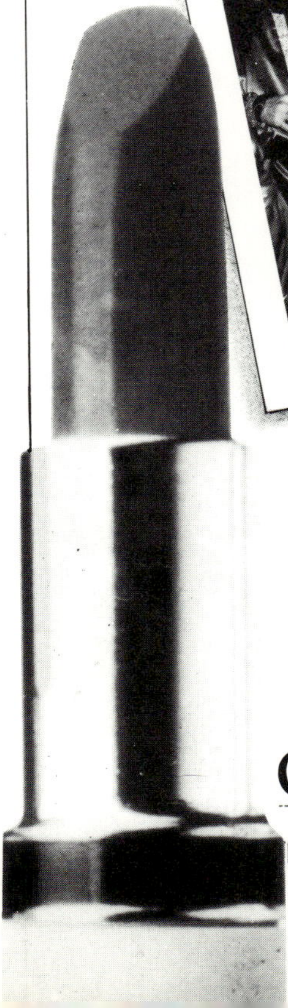

Christian Dior
PARIS

Images de la France

Catherine Deneuve

et **LUI** ?
Intellectuel ? Charmeur ?
Sportif ? Sentimental ?
Décontracté ?

Brigitte Bardot

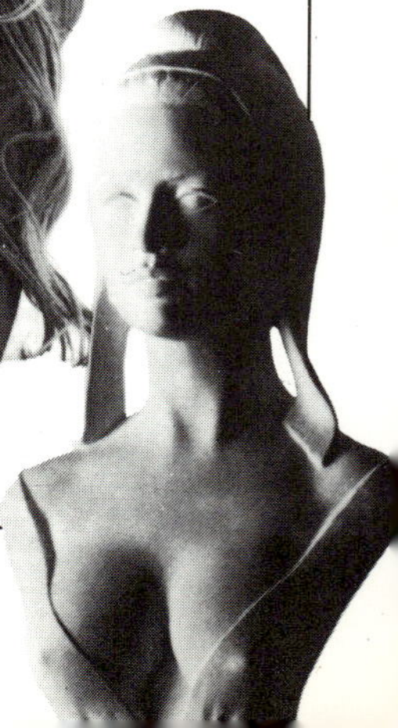

GALERIES LAFAYETTE

Yves Montand

Images de la France

La culture, c'est ce qui demeure dans l'homme, lorsqu'il a tout oublié.

E. Henriot, Notes et Maximes, Hachette.

et c'est comme
la confiture !
moins on en a
plus on l'étale

Edith Piaf

Adjani

Colette

Marguerite Yourcenar

Images de la France

Marie Curie

« Il se trouve dans certaines villes de province des maisons dont la vue inspire une mélancolie égale à celle que provoquent les cloîtres les plus sombres, les landes les plus ternes ou les ruines les plus tristes. Peut-être y a-t-il à la fois dans ces maisons et le silence du cloître et l'aridité des landes et les ossements des ruines : la vie et le mouvement y sont si tranquilles qu'un étranger les croirait inhabitées, s'il ne rencontrait tout à coup le regard pâle et froid d'une personne immobile dont la figure à demi monastique dépasse l'appui de la croisée, au bruit d'un pas inconnu. »

Honoré de Balzac, Eugénie Grandet

Guy de Maupassant

Jules Verne

Monet

Florence Arthaud

Mer. N'a pas de fond. Image de l'infini. Donne de grandes pensées. Au bord de la mer, il faut toujours avoir une longue vue. Quand on la contemple, toujours dire : « Que d'eau ! Que d'eau ! »

G. Flaubert, Dictionnaire des Idées reçues

Le Commandant Cousteau

Yannick Noah

Il est une heure et demie. Je suis au café Mably, je mange un sandwich, tout est à peu près normal. D'ailleurs, dans les cafés, tout est toujours normal et particulièrement au café Mably, à cause du gérant, M. Fasquelle, qui porte sur sa figure un air de canaillerie bien positif et rassurant. C'est bientôt l'heure de sa sieste et ses yeux sont déjà roses, mais son allure reste vive et décidée. Il se promène entre les tables et s'approche, en confidence, des consommateurs : *« C'est bien comme cela, monsieur ? »* Je souris de le voir si vif : aux heures où son établissement se vide, sa tête se vide aussi. De deux à quatre le café est désert, alors M. Fasquelle fait quelques pas d'un air hébété, les garçons éteignent les lumières et il glisse dans l'inconscience : Quand cet homme est seul, il s'endort.

J.P. Sartre, La Nausée

« Toute ma vie je me suis fait une certaine idée de la France. »

Charles de Gaulle

Cézanne

L'espace :

1. Étant donné un mur, que se passe-t-il derrière ?

2. Quel est le plus long chemin d'un point à un autre ?

3. Étant donné deux points, A et B, situés à égale distance l'un de l'autre, comment faire pour déplacer B, sans que A s'en aperçoive ?

4. Quand vous parlez de l'Infini, jusqu'à combien de kilomètres pouvez-vous aller sans vous fatiguer ?

5. Prolongez une ligne droite à l'infini : qu'est-ce que vous trouverez au bout ?

Jean Tardieu,
Un mot pour un autre, 1972

Paul Bocuse

Le Roi : *Le pot-au-feu !...*
Le pot-au-feu ! (Rêveur).
Juliette : *C'est un repas complet.*
Le Roi : *J'aimais tellement*
le pot-au-feu ; avec des légumes,
des pommes de terre, des choux
et des carottes, qu'on mélange
avec du beurre et
qu'on écrase avec la
fourchette pour en faire
de la purée.
Juliette : *On pourrait*
lui en apporter.
Le Roi : *Qu'on m'en*
apporte !

Eugène Ionesco, Le Roi se meurt,
1962, Gallimard

Il y a trop de vin dans ce monde pour dire la messe ; il n'y en a point assez pour faire tourner les moulins : donc il faut le boire.

Grimod de la Reynière, 1758-1838

Club Méditerranée

La France... j'aime !

LA CONFIANCE
LA ROCHELLE
MASCOTTE

Paris à vol d'Air France

la spirale

L'avion commence un grand cercle autour de la région parisienne et descend en spirale vers Roissy. Regarde.

Des rivières venues du nord, du sud, se joignent ici à la Seine venue de l'est, et se font un chemin sinueux entre les monts et les collines.

Monts et collines sont, de tous côtés, largement recouverts de bois et de forêts.

Dans les petites plaines, les clairières, les vallées : des villes. Ici, sur 3 ou 4 % de la surface du pays, habitent 20 % de ses habitants.

les sept collines

L'avion descend encore. On voit les eaux se rejoindre un peu avant et un peu après Paris ; au centre se distinguent des îles.

On reconnaît les Sept Collines : Montmartre et les Buttes-Chaumont, au nord ; au sud, Montsouris, la Montagne Sainte-Geneviève, la Butte-aux-Cailles et la colline de Chaillot ; un peu plus à l'ouest, le Mont-Valérien.

On distingue des taches de verdure entre le Bois de Vincennes à l'est et le Bois de Boulogne à l'ouest : ici le Luxembourg, là les Tuileries, le Jardin des Plantes...

"Attachez vos ceintures..."

les sept cercles

Rappelle-toi les grandes vagues de l'histoire de Paris, comme les cercles concentriques qui se forment sur une eau tranquille quand on y jette une pierre. Imagine...

Au centre, dans l'île de la Cité, là où est tombée la pierre, trois siècles avant Jésus-Christ : la bourgade des Gaulois Parisii...

Les installations romaines sur les premières pentes de la Montagne Sainte-Geneviève...

Le mur qui, vers 1200, a entouré la capitale ; il est encore visible près du Panthéon...

Les limites du XVIIe siècle, encore marquées par les "Grands Boulevards" d'aujourd'hui.

Celles du Paris de la Révolution, les "Boulevards Extérieurs".
Le 6e cercle : celui des "Boulevards des Maréchaux".
Le 7e cercle : celui du Périphérique...

"Nous venons d'atterrir à Roissy-Charles de Gaulle.
La température au sol est de ..."

☆204

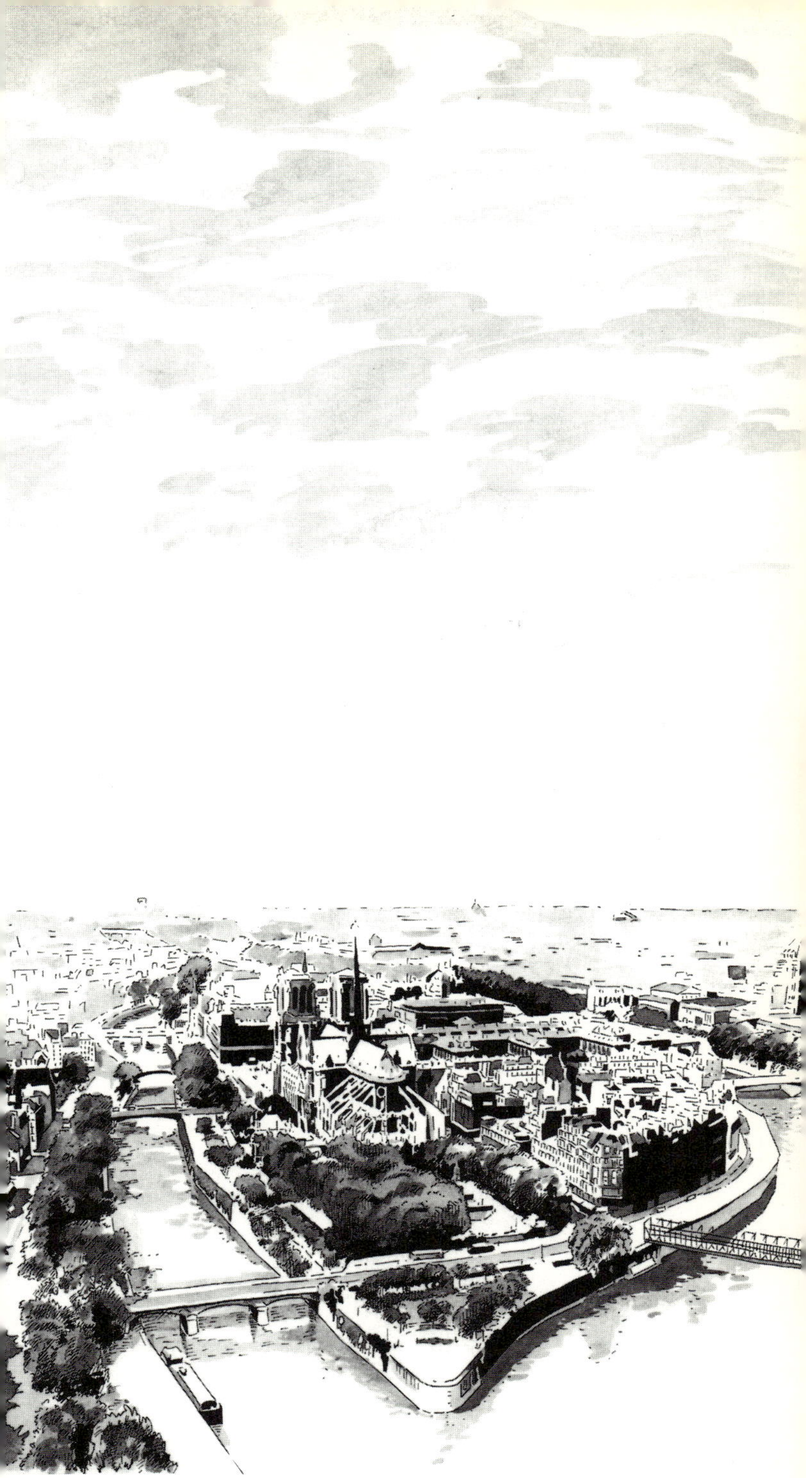

Le Petit Magazine

Suivez le guide !

Il y a mille choses à voir à Paris : il faudrait mille et un jours et mille et une nuits ! En voici au moins une douzaine des plus célèbres, situées “en gros” sur la carte ci-dessous.

On obtiendra gratuitement des brochures sur les Musées, Expositions, Monuments de Paris et de l'Ile-de-France aux Services d'Information de la Mairie de Paris, rue de Rivoli face au Bazar de l'Hôtel de Ville.

Voir aussi la carte que donne la RATP dans son dépliant sur le Billet de Tourisme : les *autobus parisiens.*

Voir aussi, bien sûr, les nombreux guides détaillés sur Paris. ⊠178

Mais il y a d'autres curiosités encore plus... curieuses. Tout dépend de votre ... curiosité. Etes-vous intéressé par les égouts ? La découverte scientifique ? Pigalle ? Les Bouquinistes ? Les Jardins et Fontaines. ☆206

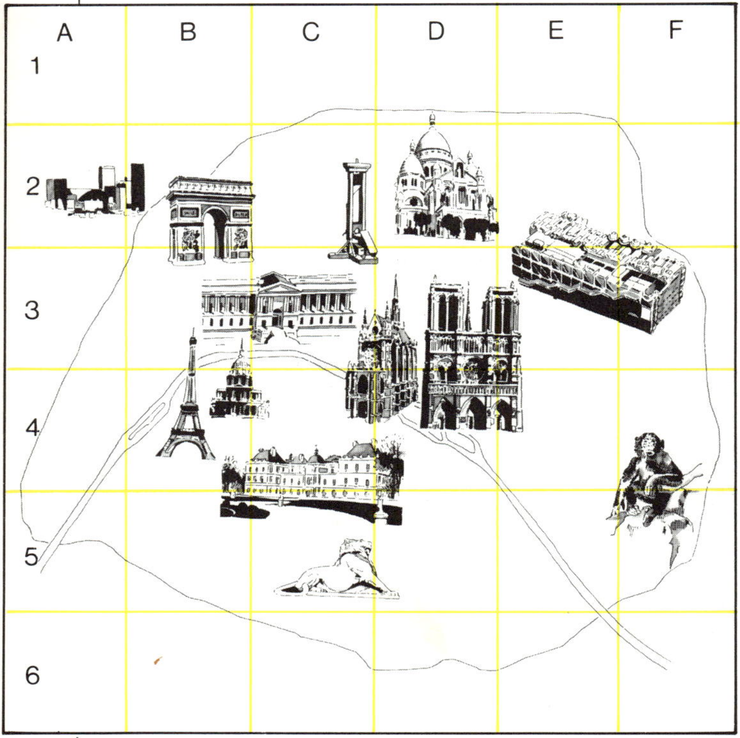

Monuments

■ La Tour Eiffel
B4 *métro Trocadéro*
→ 320,75 mètres

■ Les Invalides
C4 *métro Latour-Maubourg*
→ L'Hôtel des Invalides et ses musées
→ L'Église et le tombeau de Napoléon

■ L'Arc de Triomphe de l'Étoile
B3 *métro Ch. de Gaulle -Étoile*
→ Le tombeau du Soldat Inconnu
→ La vue !...

Musées

■ Centre Pompidou, *métro Châtelet-Halles, Hôtel de Ville, Rambuteau.*
E3 voir page 40

■ Louvre
D4 *métro Louvre* ou *Palais Royal*
→ Peintures, sculpltures, dessins, etc.

■ Grévin
D3 *métro Richelieu-Drouot*
→ Personnages de cire : Histoire de France

Curiosités

■ Le C.N.I.T. et la Défense
A2 *métro La Défense RER*
→ Paris le plus moderne

■ Le Zoo de Vincennes
F5 *métro Porte Dorée*
→ 1 500 animaux vus chaque année par 1 500 000 visiteurs

■ Les Catacombes
C5 *métro Denfert Rochereau*
→ Paris le plus ancien : 6 millions de morts sous 10 millions de vivants

■ Parc du Luxembourg
D4 *métro Luxembourg*
→ bassins, marionnettes
→ tennis, jogging

Églises

■ Notre Dame de Paris
D4 *métro Cité*
→ Les tours, la crypte

■ La basilique du Sacré-Cœur
D2, *métro Anvers*
→ La vue panoramique

■ La Sainte Chapelle
D4 *métro Cité*
→ Les vitraux

Le métro

Les Parisiens n'ont pas à se plaindre de leur "Chemin de Fer Métropolitain" : le Métro,

il est pratique

Il y a toujours dans Paris une station de métro à quelques minutes de marche. On reconnaît l'entrée au signe : Ⓜ. Le plus souvent, un grand plan permet de se renseigner sur la direction à suivre. On en trouvera un autre un peu plus bas, avant de prendre le billet. Il y en a encore d'autres, lumineux quelquefois, sur les quais et jusque dans les voitures. On peut obtenir, dans toutes les stations, un petit plan pliant qui prendra peu de place dans la poche. (C'est pourquoi toutes les adresses données dans ce livre sont suivies du nom de la station de métro la plus proche). Il faut dire enfin qu'il y a même, dans beaucoup de stations, un plan du quartier.

il est rapide

Aux "heures de pointe" — de 7 h à 9 h et de 17 h à 19 h — les trains passent quelquefois à 95 secondes l'un de l'autre et toujours à moins de 4 minutes.

Entre 9 heures et 17 heures, il n'y a que 3 à 6 minutes d'attente.

En soirée, après 19 heures, les trains ne passent que toutes les 7 à 10 minutes.

Dans le R.E.R. les intervalles vont de 10 à 20 minutes.

Les premiers métros quittent leur terminus à chaque extrémité des lignes, à 5 h 30. Le dernier métro — qu'on appelle "le balai" — part d'un de ses terminus pour arriver à l'autre à 1 h 15. Faire un petit calcul selon la longueur de la ligne pour ne pas le rater.

il est économique

Avec un seul ticket on peut visiter le tout-Paris souterrain, monter et descendre ses escaliers mécaniques, utiliser ses trottoirs roulants et ses ascenseurs. Il est de plus en plus automatisé à l'entrée, sur les rames, à la sortie. Un conseil : acheter les tickets par carnets de dix : ils coûteront encore moins cher. Mieux encore : acheter une Carte Touristique qui permettra de faire un nombre illimité de voyages pendant 2, 4 ou 7 jours au choix ou même une "Carte Orange" qui permettra de faire 1 001 voyages pendant un mois, comme un vrai Parisien, comme les 1 107 000 000 d'autres qui, bon an mal an, prennent le métro. Pour travailler et rentrer dormir : "Métro-Boulot-Dodo"...

✉ 178

devoir du soir pour bons élèves

Le nom des stations est souvent en rapport avec le nom des rues, avenues et places dans lesquelles elles s'ouvrent. Avez-vous remarqué comment ces noms racontent l'histoire ?

... des noms de batailles : Alésia (52 avant J.-C.) ou Stalingrad (1942-43). Il y en a 7 ou 8 autres, lesquelles ?

... des grands personnages, Dupleix ... Robespierre ... De Gaulle. Combien d'autres ?

Amusez-vous à retrouver les noms des stations de métro figurés ci-dessus sur le dessin d'un Paris imaginaire...

la grille

Pour lire un langage compliqué, on emploie parfois une grille faite de lignes qui se croisent. Si le plan du métro parisien vous paraît... un casse-tête, observez qu'il est fait surtout de quatre lignes nord-sud, de quatre lignes est-ouest et de deux lignes en demi-cercle qui forment un rond. Paris est rond.

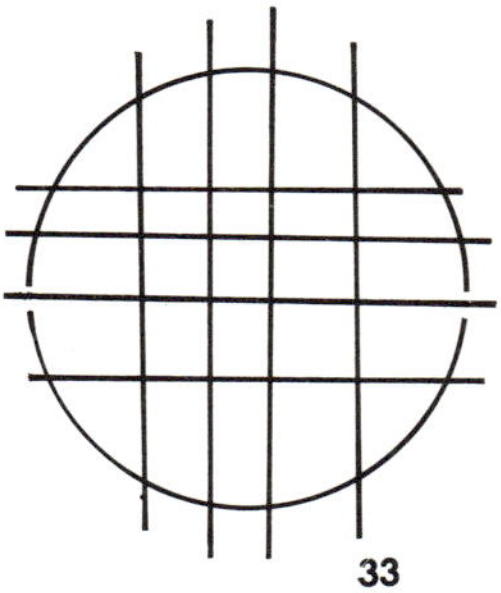

Le métro, mode d'emploi

les stations

Les plus importantes sont les deux terminus de chaque ligne et qui lui donnent son nom : Vincennes-Maillot, par exemple, ou Porte de Clignancourt - Porte d'Orléans. Chaque couloir du métro porte, à son entrée, le nom des terminus. Plus loin, au moment de passer sur le quai, un panneau donne le nom des stations de la ligne, dans un sens et dans l'autre.

Importantes aussi sont les stations de correspondance. Certaines, comme Châtelet, Montparnasse, République (où se croisent 5 lignes), sont profondes et compliquées. Ne pas s'y perdre ! Les stations sont, en moyenne, à 500 mètres l'une de l'autre.

les lignes

Leur numéro — il y en a 15 — compte moins que leur nom ; et que leur couleur, tel que l'indique le plan de la RATP.

Elles ne forment qu'un seul "réseau" avec le RER (Réseau Express Régional) et certaines lignes de la SNCF. Le RER, comme son nom l'indique, déborde plus largement que le métro proprement dit sur la banlieue. Il y a ainsi trois longues lignes qui traversent la région parisienne : la ligne A, de Saint-Germain-en-Laye à l'ouest, à Torcy ou à Boissy-Saint-Léger à l'est ; la ligne B, de Roissy au nord à St-Rémy-les-Chevreuse ou Robinson au sud ; la ligne C (SNCF) suit une longue courbe, de St-Quentin-en-Yvelines ou Versailles au sud-ouest jusqu'à Dourdan au sud. ⊠ 181 ☆ 204

Attention aux lignes à deux terminus. Par exemple, si l'on vient de la direction Châtillon-Montrouge pour aller à Saint-Denis/Basilique, vérifier avant la Fourche (la bien-nommée !) que l'on est dans la bonne rame.

les billets

Le même carnet de tickets (ou billets) peut servir pour les autobus mais, bien sûr, pas le même billet (ou ticket). Si l'on a acheté une Carte Orange, il faut sortir le ticket de la carte, et le faire passer, comme un billet ordinaire, dans l'appareil de contrôle, à l'entrée.

Si l'on veut voyager au milieu de chaque rame, en première classe où il y a moins de monde, c'est un peu plus cher. Et ne pas perdre son ticket (ou billet) : il peut être contrôlé.

Pour avoir le droit aux lignes hors de Paris (Métro et RER) se renseigner dans les gares de correspondance. Il est plus prudent d'y acheter son billet (ou ticket).

les maîtres

Le métro parisien, d'une certaine manière, est une œuvre d'art. En 1900, à sa naissance, de jeunes architectes ont voulu lui donner un style. Il reste encore dans Paris un bon nombre d'entrées, de "bouches", "Modern Style", comme celles-ci, signées par l'architecte Hector Guimard, à *Anvers* ou à la *Bastille.* A vous de les découvrir.

Plusieurs stations ont été décorées par les architectes d'aujourd'hui. Ils ont utilisé le verre et l'aluminium à *Franklin-Roosevelt,* l'acier à *Opéra,* etc.

Mais la plus belle — elle mérite un arrêt — est celle où le grand musée a fait passer sur le quai une partie de ses trésors, en reproductions du moins : la station *Louvre.*

Allez "visiter" aussi deux autres stations (ligne 13) habillées et habitées par de grandes ombres : *Saint-Denis-Basilique* et *Varenne.* Vous y rencontrerez — ils vous attendent — plusieurs rois de France et le sculpteur Rodin.

L'autobus

où le prend-on ?

A chaque arrêt on trouve, à la fois, le nom de l'arrêt et, dans le rond blanc, le numéro de la ou des lignes passant à cet arrêt, de 6 h 30 à 7 heures jusqu'à 20 heures, 21 heures ou plus.

Un rond bleu indique les autobus du soir qui roulent jusqu'à minuit ou 0 h 30 au terminus, dont le "P.C." (Petite Ceinture) qui fait le tour de Paris par les Boulevards des Maréchaux.

Attention : les autobus qui ne roulent pas les dimanches et jours de fête sont indiqués par un rond noir.

Il y a aussi 10 lignes de nuit qui relient, toutes les heures, de 11 h 30 à 5 h 30 du matin le Châtelet à différentes parties de Paris et inversement, ainsi qu'au marché de Rungis ; elles sont marquées NA, NB, NC etc., NR.

En attendant, lire dans l' "abri-bus", toutes les informations que donne la RATP : plan général, plan de la ligne, plan du quartier, points de vente des carnets de billets, etc. Ne pas être trop longtemps distrait : il faut que quelqu'un fasse signe au conducteur du prochain bus pour demander l'arrêt ! Mais pour les bus "du soir" et "de nuit" les voitures s'arrêtent à la demande du voyageur en tous points du parcours.

c'est combien ?

Acheter un carnet de 10 billets à l'un des terminus ou dans une station de métro. Et consulter le "plan thermomètre" de l'arrêt. On comprendra facilement si, pour aller où l'on veut, il faut glisser un ticket ou deux dans la machine qui se trouve à l'entrée, en tête de l'autobus. Garder le ticket, il peut être contrôlé. Quand on a une Carte Orange, et son ticket, il suffit de les montrer au machiniste en entrant.

Si l'on veut descendre "à la prochaine", appuyer sur le bouton pour demander l'arrêt. La correspondance est facile avec le métro, le RER ou d'autres lignes d'autobus. Mais il faudra se servir d'un autre billet.

quelle ligne ?

Savoir que les 20 partent de Saint-Lazare, les 30 de la Gare de l'Est, les 40 de la Gare du Nord, les 50 de la Place de la République, les 60 de la Gare de Lyon, les 70 de l'Hôtel de Ville, les 80 de Luxembourg, les 90 de Montparnasse.

17 lignes vous font visiter Paris. Le parcours de chacune est décrit dans un petit guide à demander à la RATP. ⊠178

Michel, venant de province, est arrivé à la Gare de Lyon vers 16 heures. Une demi-heure plus tard il se trouve dans le 63. Il va descendre à Cluny, pour retrouver son amie Sylvie : ils ont rendez-vous dans un café de la place Edmond-Rostand devant la Gare du Luxembourg. Il pense :

— *J'ai eu raison de prendre l'autobus plutôt que le métro. C'est super hein !... et plus pratique !... de loin. Ça ne va sûrement pas plus vite mais c'est vachement plus agréable. On voit tout Paris... tiens, la Seine... Notre-Dame, là-bas... Le Jardin des Plantes... Une très bonne ligne, mais peut-être pas la meilleure. Bon, ben... Si je descendais pour flâner un peu le long du quai ? Non, je marcherai tout à l'heure... Je vais être en avance !... C'est vraiment très, très confortable... Quand je pense qu'avant une heure le métro sera plein comme un œuf !... Le Collège de France !... déjà !...*

Sylvie, qui travaille dans un bureau rue de Courcelles, a pris le 84, à 17 h 35, en direction du Luxembourg pour rejoindre son ami. Elle pense :

— *Je ne sais pas ce qui m'a poussée... J'aurais mieux fait de prendre le métro, même si à cette heure-ci il est bondé... au moins, le métro, c'est régulier... ça, ça n'avance pas ! Rouler moins vite que ce bus, c'est pas possible !... "rouler" ?... Il ne bouge même pas... pire qu'un escargot !... dire que j'ai sorti deux tickets pour faire du surplace !... Ils disent, à la RATP que "le bus pollue 10 à 20 fois moins par usager qu'une voiture". Bon... Possible... mais dans ma voiture je serais moins serrée... Si au moins cette bonne femme ne m'entrait pas son coude dans le dos !...*

Michel : *Il y a une heure que je t'attends. Mon bus a été trop vite. Avec le métro, j'aurais changé deux fois et ça n'aurait pas été si chouette ! Vous avez plus de chance que je croyais, les Parisiens !...*

Sylvie : *Tu parles !... Tout à l'heure je reprends ma bonne vieille ligne de Sceaux et je retrouve ma campagne, ma province... Y'a rien de mieux.*

Taxis parisiens

comment les reconnaître ?

Ce sont des voitures comme les autres, mais qui portent sur le toit un signal blanc, éclairé quand le taxi est "libre".

Un compteur est toujours visible de l'intérieur. Il indique le prix à payer. Une petite plaque, à l'arrière, marque l'heure prévue pour la rentrée au garage : le chauffeur peut refuser de prendre un client moins de 30 minutes avant cette heure-là !

où les trouver ?

On peut, à tout endroit, faire signe à un taxi qui passe à vide, mais le chauffeur n'est pas obligé de s'arrêter. Il ne s'arrêtera certainement pas s'il se trouve à proximité d'une station.

A "la tête" de beaucoup de ces stations, un abri permet d'attendre plus confortablement. Une centaine d'entre elles ont même une "borne d'appel". On peut donc appeler une voiture par téléphone en faisant le numéro de la borne la plus proche, voir l'annuaire à Taxi. On peut aussi faire appel à l'une des compagnies de Radio-Taxi. ⊠ 178

Deux détails importants concernant le petit drapeau qui se trouve sur le compteur, levé quand le taxi est libre. Si ce drapeau est recouvert par une gaine (qui porte toujours le nom du garage), le chauffeur peut refuser de conduire un client. Quand on monte dans le taxi appelé par le téléphone, ne pas s'étonner de voir ce drapeau baissé : le taxi est considéré comme occupé depuis le moment où il a répondu à l'appel. Cela reviendra donc un peu plus cher : en plus de "la prise en charge", le compteur marquera déjà quelques francs.

"combien je vous dois ?"

Savoir que le prix de la course dépend :

— de l'heure ("jour" ou "nuit") et du lieu ("Paris" ou "banlieue"). Tarif A de jour dans Paris ; B de nuit dans Paris et de jour en proche banlieue, ainsi que le dimanche ; C de nuit en proche banlieue, de jour en grande banlieue ;

— de la distance parcourue et du temps passé (tous arrêts compris) ;

— et des bagages (on paiera un léger supplément s'ils doivent être mis dans le coffre).

Enfin, bien que le pourboire ne soit pas obligatoire, si l'on veut plus qu'un simple merci, donner au chauffeur plus des 12 à 15 % habituels.

RUE DU CHAT QUI PECHE
Richard WAGNER
1813 - 1883
A VECU ICI
du 30 Octobre 1841 au 7 Avril 1842
Le Général
LA FAYETTE
en Amérique
le 20 mai 1834
6e ARR.
RUE MONSIEUR LE PRINCE
DENIS DIDEROT
VECUT DANS CETTE MAISON
DE 1747 À 1754
À L'ÉPOQUE OÙ IL DIRIGEAIT
la PUBLICATION de l'ENCYCLOPÉDIE

Beaubourg sans guide

on visite ! par quoi commencer ?

Paris reçoit 12 millions de visiteurs par an ; 3 500 000 vont au Louvre, autant montent à la Tour Eiffel. Mais le nº 1 c'est le Centre National d'Art et de Culture Georges Pompidou, appelé souvent Centre Pompidou ou même, du nom d'une rue qui borde le bâtiment : Beaubourg. 8 000 000 de personnes, dont 1 million d'étrangers, y entrent chaque année. Pourquoi ne pas commencer par *ça* ?

Où ? Comment ? Quand ? Combien ? ✉185 ☆207

c'est quoi ?

Vu de l'extérieur, c'est un bâtiment rectangulaire de 7 500 m^2 au sol et deux fois plus haut que les maisons de 6 ou 7 étages qui sont les plus nombreuses à Paris. Il est entièrement construit d'acier et de verre et entouré de gros tubes colorés. "On aime ou on n'aime pas !...".

A l'intérieur, 100 000 mètres carrés — deux fois plus qu'au Louvre ! — sont partagés entre

— un Musée d'Art Moderne ;

— un centre d'information sur la création industrielle ;

— une bibliothèque publique de 400 000 livres et de 1 300 places ;

— un centre de recherche sur les moyens modernes mis par la science et la technologie au service de la musique.

Monter jusqu'au 5ᵉ et dernier étage : on y trouvera un restaurant de qualité et on y aura une vue exceptionnelle sur Paris. Paris est petit : en marchant bien on le traverserait du nord au sud en moins de deux heures.

on aime ou on n'aime pas !

— C'est beau comme une cathédrale !

— C'est laid comme une usine !

— Il y a des usines agréables à regarder, à cause de leur architecture, à cause des couleurs au moins.

— Les couleurs qu'on a mises sur celle-ci ne cachent pas sa laideur. Et elles sont déjà sales !

— Il n'est pas difficile de tout nettoyer : on sait le faire !

— Peut-être, mais à quel prix ! Des milliards auront été dépensés ici, à Paris, pour Paris. Une fois de plus, et il ne reste presque rien pour la province !

— Les provinciaux y viennent autant que les Parisiens. Pendant les sept premières années du Centre, il y aura eu autant de visiteurs à Beaubourg que de Français en France.

— Des visiteurs ? Il faudrait plutôt dire des curieux : "trois petits tours et puis s'en vont !"

— Allons donc ! la bibliothèque est toujours pleine et c'est même la plus grande de France !

— En tout cas, c'est laid ! Au milieu d'un quartier ancien si beau !

— Y étiez-vous déjà venu avant ? Ce quartier, justement, s'est nettoyé, réparé, "rénové" pour accueillir les visiteurs. Beaucoup de gens le découvrent, comme vous.

— C'est un crime de placer de force un bâtiment si agressivement moderne au milieu d'un quartier vieux de plusieurs siècles.

— Les bâtiments sont comme les hommes : avec des voisins de caractères et d'âges différents, nous finissons par nous entendre très bien. Regardez les maisons de la Grand-Place, au pied de Beaubourg...

— Cette place, parlez-en ! Elle est pleine de mendiants sans travail qui ont de ces têtes ! il faut voir ! Pas étonnant qu'il y ait dans ce quartier des agressions toutes les nuits !...

— Sans travail ? C'en est un, et difficile que de jouer comme font ces musiciens, ces mimes, ces acrobates, ces cracheurs de feu, pour le plaisir du passant. Les Parisiens, toujours trop pressés, recommencent à s'arrêter. Une demi-heure plus tard ils auront encore envie de passer quelques minutes devant un tableau, de s'asseoir pour lire ou pour écouter. Comme dans une cathédrale !

— Quand on est dans une usine on n'a qu'une envie : c'est d'en sortir !

Toute la banlieue verte.

Pour le touriste, la région parisienne offre beaucoup de richesses de toutes sortes, ne serait-ce que ses paysages : collines, vallées, forêts où se dresse souvent un château. (lire la page 44).

Pour le touriste économe, beaucoup de promenades et de visites sont rendues faciles et peu coûteuses par les lignes de la RATP. Voici quelques idées.

Attention : au-delà de certaines stations; le RER sort des zones 1 et 2 ("zone urbaine" = Paris et sa proche banlieue). Acheter dans ces stations ou dans les autres stations parisiennes du RER un billet pour la "destination" choisie. Il ne coûtera qu'un peu plus cher. (Pour certaines lignes de métro qui sortent aussi de la "zone urbaine" : se renseigner.) ☆204

■ Rueil-Malmaison
La Malmaison
RER A
Bus 158 A

■ Boulogne
les jardins A. Kahn, roses, de là, vers lac et Bagatelle
Ⓜ pont de St-Cloud
Bus : 52, 72

■ Chevreuse
Saint-Rémy
toute la vallée
RER/B,

“à portée de la main”

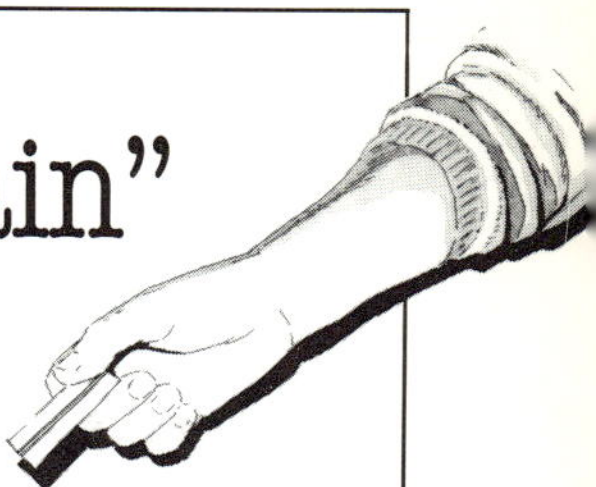

■ Enghien-les-Bains
le Casino
Bus : 154 B

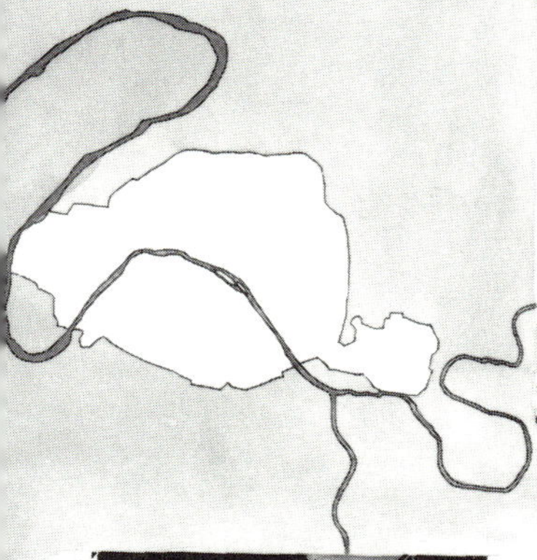

■ Champs-sur-Marne
le château,
le parc
Bus : 213 B / C 220

■ La Marne
les Guinguettes

Les lignes :

RER, RATP et SNCF voir page 172.
Demander le dernier dépliant de la RATP : *Banlieue autobus RER* Pour aller plus loin grâce à la RATP : *Excursions : plus de 100 circuits.*

Versailles

Ou les grands fantômes

Oubliant 5 000 autres visiteurs quotidiens, il est permis à chacun de rêver...

Au début du XVIIe siècle, il n'y a ici, sur une étroite colline, qu'un château féodal transformé en ferme, un petit village à son pied, des marécages autour, et des bois riches en gibier...

♜ 1638 : le roi Louis XIII vient y chasser, s'y plaît, achète un terrain, fait démolir le château et fait construire ce qui s'appellerait aujourd'hui une "résidence secondaire".

♜ 1661 : son fils Louis XIV, grand chasseur lui aussi, décide d'édifier ici son palais. Il engage l'architecte Le Vau, le décorateur Le Brun, le jardinier Le Nôtre. Le terrain est transformé, on y conduit les eaux de la Seine ; le château est agrandi, embelli ; il devient vite trop petit pour abriter la Cour.

♜ 1678 : un autre architecte Jules-Hardouin Mansart succède à Le Vau ; Le Brun dirige de nouveaux peintres, décorateurs et sculpteurs ; Le Nôtre dessine d'immenses jardins "à la française". Louis XIV lui-même inspire artistes et ouvriers.

♜ Pendant plus de 30 ans vivent ici les 20 000 personnes qui se rattachent à la cour, dont un millier de grands seigneurs et leurs serviteurs. Le Roi-Soleil veut avoir toute la noblesse sous son ombre.

♜ A sa mort, en 1715, la Cour fuit Versailles pour Paris, mais Louis XV, arrière-petit-fils de Louis XIV, s'installe à Versailles. Le manque d'argent ne lui permet pas de faire de grandes transformations au palais.
En 1762, il fait construire pourtant le château du Petit Trianon qu'habitent ses favorites : Mme de Pompadour puis la Dubarry, qui sera décapitée en 1793.

Autres fantômes à chercher dans les allées "à l'anglaise" du Petit Trianon : celui de Marie-Antoinette — qui mourut elle aussi sur l'échafaud. Un autre fantôme encore, celui d'une jolie femme : Pauline Borghèse, à qui Napoléon donne le château.

Quant au Palais lui-même, après l'exécution du Roi Louis XVI, le 21 janvier 1793, il est d'abord abandonné, puis à demi sauvé pendant le règne du roi Louis Philippe (1830-1848).

Il retrouve enfin sa splendeur première grâce au don de J.-D. Rockefeller.

Muni des perfectionnements de la technique moderne, le Palais a accueilli quelques-uns des Grands de ce monde, lors d'un récent "Sommet".

Tous ces fantômes vont peut-être passer la nuit prochaine dans la Galerie des Glaces... ☆ 204

Les deux grands types de jardins à ambition esthétique ou symbolique sont le jardin régulier qui impose sa symétrie à une nature domestiquée, le jardin *à la française* du XVIIe siècle. Ici, le parc de Vaux-le-Vicomte... (1661)

... et le jardin paysager qui simule le pittoresque d'un paysage naturel varié - *jardin anglais* ou *anglo-chinois* des XVIIIe et XIXe siècle. Ici, le Belvédère, dans le jardin des Buttes-Chaumont, à Paris (1867)

(Petit Larousse)

Ô saisons, Ô châteaux !

Il n'y a sans doute pas de pays au monde qui compte autant de châteaux plus beaux et plus variés que la France. Sur les 150 châteaux de l'Ile-de-France, en voici une demi-douzaine parmi les plus beaux, caractéristiques du style des plus grandes époques.

♜ Au Moyen Age, les Seigneurs et les Rois faisaient bâtir de véritables châteaux-forts, souvent au sommet des collines et des montagnes, ou commandant des vallées. Ainsi Vincennes, construit au XIVe siècle, qui a été longtemps ensuite la résidence des Rois ; ou Rambouillet, à peu près de la même époque, et qui est aujourd'hui la résidence d'été des Présidents de la République.

♜ Au XVIe siècle, sous la Renaissance, les châteaux perdent leur aspect de forteresses. Les tours, les tourelles et les toits, par exemple, servent à la décoration. Ainsi Fontainebleau, construit pour François 1er, mais où l'on trouve des souvenirs de tous les rois de France. Napoléon y fit ses adieux en 1814. Ou encore Saint-Germain : Louis XIV y est né et y est souvent revenu.

♜ Aux XVIIe et XVIIIe siècles, le château prend de la grandeur, de l'élégance, s'entoure de jardins. Ainsi Vaux-le-Vicomte, commandé par le riche financier Fouquet, et surtout Versailles.

Beaucoup de châteaux, en Ile-de-France comme ailleurs, portent dans leur architecture et dans leur décoration intérieure la marque de plusieurs siècles.

à Chenonceaux, le matin

— Mesdames et Messieurs, un peu d'histoire : le château actuel a été construit, de 1513 à 1521, pour un riche financier, sous la direction de sa femme. Comment Monsieur ?

Un homme — Je l'aurais deviné : il n'y a qu'une femme pour savoir choisir un site pareil et l'utiliser d'une manière si élégante...

— ...C'est vrai ! Ensuite il a été embelli et entretenu par des femmes : Diane de Poitiers, la favorite du roi Henri II, à qui l'on doit le jardin à l'italienne, sur le côté gauche au bord du Cher, puis Catherine de Médicis, sa femme, qui a fait construire le parc, à droite... Pardon, Madame ?

Une dame — J'ai lu, sous la plume de Gault et Millau, je crois, que Chenonceaux était "un ouvrage de dames". Il faut reconnaître que l'ensemble est très joli !

— ...N'est-ce pas ?... Nous allons monter, au premier étage, par un escalier à rampe droite. A l'époque, en France, ce genre d'escalier était une nouveauté. Remarquez les meubles, les objets d'art... Vous disiez Madame ?

La dame — Comme tout est propre et bien tenu !

à Chambord, l'après-midi

— ...La forêt que vous venez de traverser a plus de 4 500 hectares. Elle est entourée par un mur de 3 200 m, le plus long de France. Le château de Chambord, en face de vous, a été bâti à partir de 1519 par François 1er, sur un plan féodal, autour d'un donjon central à quatre tours. Qu'en pensez-vous, Monsieur ?

Le même monsieur — Ça, c'est un homme ! Et cette résidence secondaire, c'est à vous couper la respiration ! D'après le Michelin, François 1er y a reçu Charles-Quint, son ennemi numéro un, pour l'impressionner. Il y a de quoi.

— ...Il y a à Chambord, comme vous allez le voir, deux chefs-d'œuvre. L'escalier d'abord : il est double et on pouvait monter et descendre en même temps, à cheval, sans se rencontrer ; ensuite la terrasse là-haut, avec ses 365 cheminées : sous les Rois, les dames de la Cour passaient leur temps dans cette véritable petite ville, ses rues, ses places, ses coins et recoins, à y admirer le départ et l'arrivée des chasseurs. Le château compte 440 pièces, 14 grands escaliers et 60 de moindre importance. Votre impression, Madame ?

La même dame — Voulez-vous que je vous dise : votre François 1er c'était un orgueilleux. Son château, il m'impressionnait moi aussi, de loin. Maintenant, il me glace. Toutes ces pièces sont vides... Combien de temps a-t-il passé ici en 40 ans de règne, je voudrais bien le savoir !

Savoir *où* acheter

▼ les fleurs
au marché aux Fleurs dans l'île de la Cité, à la Madeleine et... chez les mille et un fleuristes de quartier.

tout ou presque ▶
et en particulier ce qui touche à la photo, au disque, à la vidéo : la succursale de la FNAC au Forum des Halles.

▲ les bijoux, la joaillerie
rue de la Paix, place Vendôme, rue Royale et les quartiers de l'Opéra et de la Madeleine.

◀ l'outillage
dans les 9 B.H.V., à la Samaritaine et entre la Bastille et la République.

les livres ▸
sur les quais de la Seine, de chaque côté des Iles et au Quartier Latin, dans les 5e et 6e arrondissements.

▾ **la brocante, les fripes**
aux "marchés aux puces" et autour du boulevard Saint-Michel

Boutiques et boutiques

les petites

On compte encore à Paris une cinquantaine de milliers de magasins de détail, dont 15 000 environ sont des boutiques d'alimentation. C'est dire que l'on n'a que l'embarras du choix.

"Le petit commerçant", c'est le commerçant de quartier, l'épicier, le boulanger, le marchand de couleurs, chez qui on est connu et avec qui on bavarde.

Les petits commerçants font partie du décor rassurant du quartier où l'on habite. Ils sont commodes et leurs magasins sont à dimension humaine. On continue à acheter chez eux des produits courants en petite quantité et des produits spécialisés.

les autres

Certaines de ces boutiques se groupent souvent par quartiers selon leur spécialité ; par exemple :

Les marchands de meubles, faubourg Saint-Antoine Ⓜ Bastille ; la vaisselle et la cristallerie, rue de Paradis Ⓜ Gare de l'Est ; les tissus au Marché Saint-Pierre Ⓜ Anvers ; les galeries d'art à Saint-Germain-des-Prés, le prêt-à-porter à la mode rue de Sèvres Ⓜ Sèvres-Babylone, etc.

D'autres sont spécialisées dans certains articles de luxe et méritent d'être appelées Boutiques avec un B majuscule, par exemple celles de :

— la "Haute Couture" ; on trouvera les grands noms célèbres Yves Saint-Laurent, Dior, Cardin, Courrèges, etc. du côté des Champs-Élysées et de l'Avenue Montaigne ;
— la joaillerie et l'orfèvrerie, place Vendôme et ses environs ;
— ou encore les Boutiques de parfums et de maroquinerie.

Les Quartiers où toutes ces boutiques sont les plus nombreuses sont, d'une façon générale, ceux de

— l'Opéra et la Madeleine, et les "Grands Boulevards",
— les Champs-Élysées,
— Saint-Germain-des-Prés, de la rue de Tournon à la rue de Sèvres,
— L'Avenue Victor-Hugo,
— le Quartier Latin,

et leur voisinage.

On peut toujours, même si l'on n'achète rien, y faire du "lèche-vitrines".

⌧186 ☆206

Karina : 168, 85, 60, 85, 47

— Ma famille vient du Maroc, mais je suis française. Je suis née à Marseille. J'ai vingt ans. J'ai fait mes études secondaires à Marseille jusqu'au bac, mais je n'ai pas passé mon bac.

— ...

— Après ? Bon, ben. J'ai voulu travailler, dans une boutique de prêt-à-porter, comme vendeuse.

— ...

— Non ! Ça ne m'a rien apporté ! Rien, sauf beaucoup de fatigue, c'est tout. Alors j'ai décidé de monter à Paris. J'ai cherché du travail un peu partout... n'importe quoi... Je n'ai rien trouvé. Et puis, un jour, j'ai vu dans un journal : "Mode-Service cherche mannequin débutante ou professionnelle". Je me suis dit : "Pourquoi pas toi ?" Je me suis présentée. On m'a bien regardée, de la tête aux pieds. On a pris mes mensurations. On m'a offert de prendre des cours pour apprendre à marcher, à porter un manteau, à me déshabiller. Ça m'a paru un peu cher, mais sérieux ; j'ai dit oui.

— ...

— Je fais 1,68 m avec 85 de tour de poitrine, 60 de tour de taille, 85 de tour de hanches. Je pèse 47 kilos. Je fais partie plutôt des petites femmes. Je porte des modèles juniors.

— ...

— Après ? Bon. J'ai eu de la chance. J'ai tout de suite été d'accord pour entrer dans une petite maison qui ne paie pas beaucoup, mais je me suis lancée. J'ai fait le Salon d'octobre qui prépare la mode d'été et celui d'avril où se décide la mode d'hiver.

— ...

— Comme toutes les autres, ma maison fabrique sa collection entièrement : dessine ses tissus, aussi bien que ses modèles, et les présente au Salon...

— ...

— Oh ! Vingt fois, trente fois par jour ! C'est fatigant. Et j'ai l'impression de me vendre, moi. Mais quand même, le métier de mannequin, j'aime : c'est un métier d'artiste !

Marchés à bon marché

"a" comme ancien

Les Antiquaires, surtout dans le 6e arrondissement (de St-Germain-des-Prés aux Quais), le 15e (au "Village Suisse" Ⓜ La Motte Piquet-Grenelle) et au "Louvre des Antiquaires" (Ⓜ Louvre).

Les salles des Ventes du "Nouveau Drouot" (Ⓜ Richelieu-Drouot) : Exposition tous les jours, de 11 h à 18 h pour les ventes aux enchères du lendemain à 14 h.

Les bouquinistes — puisque un vieux livre devient plutôt "un bouquin" — : le long des quais de la Seine en face des îles et surtout au Quartier Latin.

Les "marchés aux puces" ou marchés d'occasion. On peut dire qu'il y a cinq "petites puces" (demander son chemin à la sortie du métro) : Aligre, Kremlin-Bicêtre, La Villette, Montreuil, Vanves, et surtout, les "grandes puces" de Saint-Ouen. ☆206

* Un conseil : y aller le plus tôt possible, le matin.

"m" comme marchés

Il y en a de trois sortes, dans chaque arrondissement :

Les rues commerçantes, ouvertes tous les jours. Par exemple la rue Mouffetard dans le 5e, ou les rues de Seine et de Buci dans le 6e.

Les "marchés couverts", comme en province et comme aux anciennes Halles de Paris, ouverts toute la journée, sauf le lundi. Par exemple, le marché St Quentin dans le 10e ou le marché de Reuilly.

Les "marchés volants" qui s'installent deux ou trois fois par semaine et qui donnent à une place, une rue, un boulevard, un aspect encore plus provincial : par exemple, Place des Fêtes, dans le 19e, mardi, vendredi et samedi.

Pour les amateurs, trois autres marchés plus spéciaux :

Le marché aux fleurs dans l'île de la Cité. Voir aussi (et sentir) place de la Madeleine.

Le marché aux oiseaux, le dimanche, place du Marché aux fleurs. Voir aussi (et entendre) le long des quais de la rive droite, au milieu des fleurs.

Le marché aux timbres, près du théâtre de Marigny le jeudi et le dimanche. Voir aussi (de très près même : à la loupe) rue Drouot et dans ses environs.

Les Halles de Rungis sont un marché de gros.

— Asseyez-vous, Monsieur. Qu'est-ce que je vous fais comme coupe ?

— Euh... là... et là...

— D'accord, pas trop courts. Faites-moi confiance... Je m'appelle Bruno. Beaucoup de coiffeurs se font appeler Bruno. Mais moi, c'est mon vrai nom. Un petit shampooing ?

— Oui...

— J'aime bien mon métier, c'est vrai. C'est moi qui l'ai choisi... Mon père m'a laissé entrer dans une école de coiffure pour dames. Il m'a acheté tout le matériel, même une tête en plastique avec des cheveux pour m'entraîner. Tournez-vous un peu s'il vous plaît... Tout en continuant mes études j'ai fait des coupes, des permanentes, et tout et tout. Voilà Monsieur... je vais vous sécher un peu. Ça va les yeux ?

— Oui, oui, et ?...

— Une permanente ? Il faut rouler les cheveux sur des rouleaux, gros comme le petit doigt de la main, et comme ça sur toute la tête, en mettant de gros bigoudis sur le dessus et des plus petits sur les côtés et derrière. Sur les côtés, qu'est-ce que je vous fais. Je n'y touche pas ?

— Oh ? euh...

— D'accord !

— A seize ans j'ai passé un examen, le certificat d'aptitude professionnelle. Il faut faire une mise en plis, avec son coup de peigne et une teinture. Après le service militaire, j'ai passé un autre examen pour avoir le droit d'avoir mon salon à moi... Sur le dessus ?... un peu dans l'épaisseur ?

— S'il vous plaît...

— J'ai mon brevet en poche mais maintenant il ne me reste qu'à économiser assez d'argent... Même en comptant les pourboires, ça ne va pas vite. Et derrière ? Rafraîchir un peu seulement ?

— Un peu...

— Avant ici, j'étais à Saint-Germain-des-Prés. Je garde un bon souvenir de tous les gens de ce quartier-là. Quoique... je veux dire... à la limite, les intellectuels c'est toujours un peu la même chose. Mais ici, surtout les jours de marché comme aujourd'hui il y a des clients de passage... Voilà, monsieur, vous voilà plus jeune de dix ans.

— Merci.

— C'est moi qui vous remercie Monsieur... merci bien.

Bien manger... mais où ?

les grands restaurants

Consulter d'abord les Guides célèbres : le Michelin, le Gault-Millau. Mais ils ne décernent pas toujours leurs étoiles aux mêmes "grandes tables". L'art de la gastronomie ne peut se juger sans passion ! Et ils doivent tenir compte aussi des prix, de la qualité des vins et du service, du décor...

Ne pas comparer l'étoile d'un restaurant de luxe à prix élevé avec celle d'une petite maison, où le patron sert une cuisine soignée pour un prix modique. Libre à chacun de chercher d'après ses goûts et les exigences de son palais, de son nez, de ses yeux ; penser aussi à son, ou ses compagnons de table. Libre à chacun ensuite, pour se rappeler où revenir, d'attribuer ses couverts et ses toques... selon son cœur.

les petits restaurants

En cherchant bien, on peut trouver dans tous les quartiers, à Paris comme en province, "le bon petit restaurant du coin". Là, le patron demandera si l'on veut commencer par le pâté maison, qu'il a fait lui-même. "Pour suivre", on demandera un plat garni (viande et légumes ou pâtes, en même temps), le tout arrosé par un petit vin, qui n'est pas si ordinaire que ça !

les autres

On peut manger ailleurs que dans un restaurant. Dans une Brasserie par exemple, où l'on commandera plutôt une choucroute (chou, jambon, saucisse, pommes de terre) avec de la bière. Ou encore dans un Bistrot, on pourra choisir un bifteck-frites, ou une excellente spécialité.

Le long des routes on trouvera un très grand nombre de Routiers (les habitués sont des conducteurs de Poids-Lourds), où l'on appréciera un repas rapide et abondant à un prix raisonnable. En ville il est maintenant facile de se restaurer encore plus rapidement et pour moins cher. Se rappeler que pour *fast-food* et *quick-service* à l'américaine, on dit depuis longtemps en français : "manger sur le pouce".

Les Restaurants de Tourisme, dans toutes les catégories, doivent offrir trois spécialités courantes — dont une sur le menu touristique à prix fixe.

Le menu, avec les prix, doit être visible de l'extérieur. Si le service et les vins ne sont pas compris, compter que l'on aura à payer en tout au moins deux fois le prix du grand plat : le plat de résistance.

⊠182

où va-t'on ?

Elle — Le "Petit Zinc" fait tout de même une cuisine plus soignée que "Le Trou Normand" !...

Lui — Oui, mais le service est vraiment trop long !

Elle — Remarque, je ne déteste pas la cuisine normande, mais la crème n'est recommandée ni pour ma ligne ni pour ton foie.

Lui — Bon, d'accord... Au "Petit Zinc" il y a moins de bruit.

Elle — Et le décor est chouette ! J'aime...

au restaurant

— Que me conseillez-vous, le menu ou la carte ?
— Au menu, nous avons un excellent plat du jour...
— Je le prends, mais avec des pommes vapeur, c'est possible ?
— Bien sûr, et comme boisson, je vous sers ?...
— Qu'est-ce que vous me recommandez ?
— Le petit rosé de ma réserve est très bien... Un pichet ?
— Bonne idée ! Il me fera voir la vie en rose...

— J'ai essayé hier la terrine du chef, je te la conseille.
— Je préfère une crudité, c'est plus léger.
— Pourquoi pas une salade niçoise... et une entrecôte ?
— Oui, mais à point ! Moi, la viande rouge...
— Et pour finir, qu'est-ce qu'ils ont ? Demandons au garçon...
— Le plateau de fromages, en tout cas, est tentant !
— Tant mieux, mon médecin m'a privé de dessert !

Pour boire et pourboire

Pour boire...

avec les fruits de mer ou le poisson : un vin blanc sec très frais.

avec les viandes : un vin rouge chambré, à la température de la pièce.

avec les desserts : un vin blanc doux, très frais.

avec tout : du champagne, toujours "frappé", très frais (6-7°), du vin rosé, très frais, de Provence ou des pays de Loire.
Mais "tous les goûts sont dans la nature", et, si vous voulez en savoir plus, demandez au spécialiste : le Sommelier.

Avec les fromages :
le Petit-Suisse ou autres pâtes fraîches : un vin blanc ou rosé, léger et fruité.

le Camembert, le Brie, le Pont-l'Évêque et autres pâtes fermentées : tous les vins rouges.

avec le Roquefort et les Bleus : un rouge léger.

avec un fromage de chèvre : essayez un Vin de Pays.

avec les pâtes sèches, Port-Salut, Cantal, Comté, Gruyère, etc. : un vin blanc sec ou rouge, fruité.

Pour savoir d'où viennent les principaux fromages et les meilleurs vins, voir la carte de la France Gastronomique. ☆ 202

Savoir lire l'étiquette :

- nom du vignoble (=terrain) d'où vient ce vin : son cru (du verbe croître = pousser). Le "château Belair" est un "Premier Grand Cru classé".
- c'est un Bordeaux rouge.
- la préparation de ce vin est suivie avec soin par l'État qui sépare cette qualité (VAC) des VCC = Vins de Consommation Courante (mélanges, vins de pays) et des VDQS = Vins venant d'une région Délimitée de Qualité Supérieure, les meilleurs.
- l'année (demandez au sommelier si elle est "bonne").
- il y a plusieurs propriétaires dans un vignoble.
- c'est donc un produit très soigné.

A votre santé ! Boire un petit coup, c'est agréable !

Menu
Touristique

	La Terrine de Volaille	
ou	*Les Demoiselles de Cherbourg*	
	Le Homard Thermidor (Sup. S.G.)	
ou	*Les Filets de Sole Beurre Blanc*	
	L'Entrecôte Bercy	
ou	*Le Caneton à l'Orange*	
	Légumes et Salade de saison	
	Le Chariot de Fromages	
	Les Douceurs du Chef	

Tout est écrit dans un grand style, avec des mots rares, pour "mettre l'eau à la bouche"...

ne pas confondre le *menu* — liste des plats servis pour un "prix fixe", et la *carte* — liste de plats à choisir, et qui ont chacun leur prix.

 le mot est plus appétissant que pâté. Il y a aussi les terrines de poisson, de gibier, etc. et les "terrines du Chef".

 ce sont les cousines des langoustes, ou langoustines, pêchées au large de Cherbourg.

 une recette célèbre. Sup. = supplément à payer. S.G. = Selon Grosseur. Attention !

 longs morceaux de chair découpés le long de l'arête principale de la sole, et servis avec du beurre fondu.

 tranche de bœuf, prélevée dans la région des côtes, et préparée comme l'aiment les marchands de vin des Entrepôts de Bercy, quartier parisien, sur la rive droite de la Seine. On dit aussi "entrecôte marchand de vin".

 petit canard.

un de ces plats de résistance est parfois conseillé comme plat du jour.

 différents selon la saison.

 c'est, le plus souvent, un simple plateau.

 desserts sucrés, appelés aussi entremets, sucrés comme les sourires du Garçon qui, s'il est bien stylé, aura pour ses clients, toutes les douceurs. Au moins, jusqu'au pourboire...

On sort ce soir ?

au cinéma ?

Où va-t-on ? sur les Champs-Élysées ? sur les "Boulevards" ? au Quartier Latin ? ou dans une salle de quartier ?

Qu'est-ce qu'on va voir ? un film nouveau, en exclusivité ? ou ancien, français ou étranger, en version originale (v.o.), avec sous-titres, ou doublé ? Le nom du producteur compte moins que celui du réalisateur, du scénariste, du dialoguiste ou, bien sûr, des comédiens.

au théâtre ?

Où va-t-on ? entre la République et la Madeleine, surtout.

Qu'est-ce qu'on va voir ? du théâtre du "Boulevard", avec une belle distribution ? du théâtre classique, à la Comédie Française, dans la tradition de Molière ? ou du théâtre d'avant-garde, de recherche sur le jeu et la mise en scène ? ou encore une Revue, par exemple aux Folies-Bergères ou au Lido ? ou, pourquoi pas, passer la soirée au cirque ? dans un café-théâtre ?

au concert ?

Où va-t-on ? Dans une salle spécialisée : Gaveau ? Pleyel, à l'Opéra ? au Théâtre du Châtelet ? ou peut-être dans une église ?

Qu'est-ce qu'on va entendre ? Un concert donné par un grand orchestre, dirigé par quelque chef d'orchestre réputé ? ou un récital donné par un virtuose célèbre ? un spectacle lyrique ? une opérette ou une comédie musicale ? ou encore un chanteur qui passe en ce moment à l'Olympia ? à Bobino ? ou au Palais des Congrès ?

attention !

Il y a souvent 2, 3, 4, 5 salles de cinéma groupées : ne pas se tromper de queue ! Il y a des jours et des heures à prix réduits. Il y a des films interdits aux moins de 13 ans, au moins de 18 ans, et des films "à caractère pornographique", classés "X".

Au théâtre, il est prudent de louer sa place une semaine ou deux à l'avance, soit "sur place", à partir de 11 heures, soit par téléphone, soit par une agence. On peut aussi tenter sa chance 1/2 heure avant le lever du rideau. Le spectacle se termine toujours avant le dernier métro.

Dans toute la France, en été surtout, se donnent des festivals de théâtre, de danse, de cinéma... Se renseigner dans les offices de tourisme.

✉187 ☆206

spectacles
COMEDIE FRANÇAISE
TARTUFFE
ZENITH
Concert
Rock
11
12
PANTIN
VARIETES
OPÉRA
CARMEN

Le Petit Magazine

Comme un villag

Moi, j'imagine un peu la France comme un village, avec sa place principale, son église, ses petites et ses grandes rues, ses maisons et ses habitants.

BOULANGERIE

Quel temps fait-il en

	l'hiver	l'été
Paris	l'hiver peut être assez froid, avec quelques gelées	les mois d'été sont en général chauds et orageux
Brest	il fait doux, les gelées sont rares	l'été est souvent frais et humi
Strasbourg	durs hivers avec une centaine de jours de gelées	étés chauds, parfois très chauds lourds
Grenoble	longue saison froide, avec 80 jours de gelées ; l'hiver est très doux	l'été est plutôt court et assez fr
Bordeaux	hivers doux et brumeux, comme à Brest	étés chauds
Perpignan	il ne fait jamais bien froid, l'air reste sec	le temps reste au "beau fixe" com à Nice
Nice	il gèle rarement	long, souvent très chaud

En somme, il ne fait jamais ni très chaud ni très froid... grâce aux vents de l'Atlantique, il pleut un peu partout mais ni trop, ni trop peu. ☆ 196

France ?

la pluie	les vents
il pleut 160 jours par an, en petites ondées	changeants N O E S
elle tombe 2 jours sur 3, le temps est souvent couvert	les vents d'ouest dominants amènent une petite pluie fine : le crachin
la pluie tombe 190 jours par brusques averses	bise du Nord ou du Sud
pluies et chutes de neige record (140 jours par an)	locaux et tournants parfois violents
pluies fréquentes (un jour sur deux)	vents d'ouest et de nord-ouest
pluies rares mais fortes (un jour sur quatre)	tramontane marin
même genre de pluies qu'à Perpignan	mistral marin

ui entrent profondément à l'intérieur des terres (sauf en Alsace et en montagne)...

Le ciel français

Descendant du ciel à Roissy-Charles-de-Gaulle (CDG) le voyageur se trouve à 70 mètres de la sortie sur le même niveau ; ses bagages lui sont vite livrés et il peut, s'il le souhaite, reprendre un avion pour une capitale régionale : 220 vols par semaine lui sont offerts.

S'il vient de Paris, Orly-Ouest (OO) n'est qu'à une demi-heure de car. Il pourra choisir parmi les lignes d'Air-Inter et d'une dizaine d'autres compagnies intérieures, dont la principale est "Touraine-Air-Transport" (TAT) qui transporte annuellement un million de passagers. Il a ainsi près de 100 possibilités de liaisons dans la journée.

Air Inter (IT) est la 20e compagnie mondiale pour le nombre de passagers transportés : 10 millions. Les 2/3 l'utilisent pour des "raisons professionnelles", les autres pour des raisons personnelles, dont l'intérêt touristique.

Ses 50 lignes desservent une soixantaine de villes. La moitié de ces lignes assurant des liaisons radiales surtout entre Paris et Lyon, Marseille, Toulouse, Nice et Bordeaux. L'autre moitié des liaisons transversales, entre les régions ; la plus importante entre Marseille et la Corse. Réseau très dense, plus qu'en Allemagne ou en Italie ; par exemple, il y a en Corse 5 aéroports pour 200 000 habitants et 3 en Sicile pour 2 millions d'habitants.

Les appareils : des Airbus, des Mercure, des Bœing.

Les tarifs sont moins chers que ceux de toutes les lignes internationales et parmi les plus bas dans la catégorie des liaisons intérieures. Par exemple chacun des 685 km à vol d'oiseau de Paris à Nice coûte moins cher que chacun des 683 km de New York à Cleveland.

Air-Inter est représenté dans plus de 150 pays... ⊠179 ☆195

Dialogue de sourds dans l'avion Paris-Nice

Grasse

capitale mondiale des parfums

"Quitte Paris, plante ta canne dans mon jardin : le lendemain à ton réveil, tu verras qu'il a poussé sur elle des roses", a écrit Alphonse Karr (1808-1890). C'est Alphonse Karr, célèbre journaliste, qui est à l'origine du commerce des fleurs : il eut le premier l'idée d'expédier à Paris des bouquets de violettes et des petits sacs de graines.

Aujourd'hui, de Toulon à Menton, 8 000 établissements se consacrent à la culture des fleurs.

Grasse, ville de congrès, ville de sports et de loisirs, ses fêtes fleuries, ses expositions, ses concerts.

Grasse : le charme de son ancienne cité, la richesse de ses musées, sa cathédrale du XIIe siècle.

Grasse, ville d'art : son musée d'art et d'histoire de Provence ; sa "Villa Fragonard", les œuvres du grand peintre, enfant de Grasse (1732-1806).

Grasse, balcon de la Côte d'Azur : 40 000 habitants, altitude moyenne 350 m, station climatique, à 12 km de la Méditerranée.

Grasse, capitale mondiale des parfums.

Et rose elle a vécu ce que vivent les roses : l'espace d'un matin (Ronsard).

■ A Grasse, 20 usines traitent les fleurs récoltées dans la région, surtout la rose et le jasmin — il faut 8 à 10 000 fleurs pour faire un kilogramme de pétales — puis l'oranger, le mimosa. Les plantes sauvages : lavande, aspic, thym, romarin, sauge, font aussi l'objet d'une industrie importante.

■ Les trois procédés de fabrication sont : le traitement par les graisses, la distillation, l'extraction par solvants (tableau édité par la Parfumerie Galimard, à Grasse depuis 1747). Entrée libre et visite gratuite.

■ Visiter aussi Molinard, la seule maison qui fabrique intégralement tous ses produits de parfumerie : *Habanita, Rafale, Molinard de Molinard*, mais aussi *Concreta*, le parfum compact, exclusivité de Molinard.

La Provence

Par où commencer : Aix ou Marseille ?

Marseille, la ville grecque ?

Marseille est la plus vieille ville de France : fondée vers 600 avant J.-C. par des navigateurs grecs de Phocée, elle est toujours appelée "la cité phocéenne". Voir les résultats des fouilles — sous-terraines et sous-marines — au Musée des docks romains.

Aix, la ville romaine ?

Là s'est installé, en 123 avant J.-C., le consul romain Sextius pour s'y baigner dans des fontaines à 34° — toujours appréciées (Aquae Sextius = les eaux de Sextius). Là, vingt ans plus tard, le général romain Marius a arrêté les Barbares Teutons. Aller à la montagne Sainte-Victoire, lieu de la bataille.
Panorama★★★

le soleil de Marseille

Là commence "La Côte". Flâner sur le Vieux-Port, retenir une table à la terrasse d'un des restaurants des Quais, flâner le long de la Canebière, large rue gaie et bruyante, pour revenir savourer une bouillabaisse colorée, odorante, épicée. Monter, pour aider à la digérer, à Notre-Dame de la Garde. Panorama★★★

l'ombre d'Aix

Flâner d'un côté et de l'autre du Cours Mirabeau, large avenue paisible, ombragée par de beaux platanes. D'un côté : de vieux hôtels des XVIIe et XVIIIe siècles, aux belles portes sculptées, aux balcons de fer forgé. De l'autre : des magasins, beaucoup de librairies, des terrasses de cafés.

Marseille, grande ville moderne

Deuxième ville de France, premier port de commerce, deuxième port d'Europe, port maritime et port fluvial au débouché du Rhône, par où les chalands remontent jusqu'à Lyon, jusqu'au Rhin, jusqu'à Anvers et Rotterdam. Visiter Fos et les installations de l'étang de Berre ?

Aix, petite ville d'art et de souvenir

Son Musée Granet, exceptionnellement riche ; sa Cathédrale Saint-Sauveur où se sont mariés... tous les styles, du Ve au XVIe siècle ; sa Maison Cézanne, enfant du pays, peintre de la lumière sur la montagne Sainte-Victoire, inspirateur du fauvisme et du cubisme ; son Festival International de Musique en juillet. Sans parler des souvenirs littéraires : Émile Zola y a passé sa jeunesse, Albert Camus y est enterré.

Un dernier chef-d'œuvre, un dernier souvenir, produit de la confiserie locale : le Calisson d'Aix, friandise à base d'amande.

A B C de la pétanque

"Pétanque, n.f., variante provençale du jeu de boules."

Tout joueur de pétanque, même débutant, et tout spectateur, surtout s'ils viennent du "nord", doivent savoir au moins quelques mots propres à ce jeu, ce sport, cet art. La plupart appartiennent au langage courant.

A

Un **Art**. Née à La Ciotat, Bouches-du-Rhône, vers 1910, la pétanque tient son nom du provençal *pèd tanco.* D'où "pieds tanqués" : pieds joints fixés au sol. L'attitude du joueur de pétanque souple et décontracté, les yeux tournés vers la cible, la main lançant la boule, paume tournée vers le sol, doigts accolés, n'est pas indigne d'une comparaison avec la statuaire antique.

B

Boule n.f. Selon le sacro-saint Règlement, une boule doit être en acier, chromé ou non, avoir un diamètre de 7,05 à 8 cm et un poids de 620 à 800 g. Certains joueurs astucieux se servent de boules non chromées : elles s'oxydent petit à petit et la rouille, en les rendant plus rugueuses, leur donne plus d'adhérence au sol (voir Balai-Balayer). Ces boules doivent être creuses. Il est arrivé que certains joueurs malins les bourrent de matière pour éviter les rebonds imprévisibles, un peu comme on "farcit" des tomates, "à la provençale".
La France est le seul pays au monde qui fabrique ces boules.

Balai n.m. balayer v. La pétanque se jouant sur "tous terrains" (à une distance comprise entre 6 m et 10 m), le sol peut ne pas être égal : "Balayer" c'est enlever avec les pieds les obstacles qui gênent ; quelques-uns y mettent aussi les mains : deux actions interdites par le Règlement.

Bouchon n.m. C'est ainsi qu'on appelle le cochonnet (voir ce mot) au-dessous d'une ligne allant de Bordeaux à Grenoble. Au-dessus de cette ligne on dit but.

C

Cochonnet n.m. Boule en bois (diamètre 25 à 35 mm) lancée d'un cercle de 30 à 35 cm de diamètre, tracé sur le sol par le joueur et appelé le rond. Celui-ci peut ou bien pointer, c'est-à-dire lancer une de ses deux boules (ou les deux) pour la placer le plus près possible du cochonnet, ou bien tirer, c'est-à-dire déloger une boule adverse bien placée ou encore le cochonnet lui-même, s'il juge que son équipe y a avantage.

Carreau n.m. Une boule bien tirée qui vient exactement remplacer sa cible fait un carreau. Le tireur émérite, appelé canonnier ou bombardier, est applaudi par la galerie.

La Côte d'Azur

La Provence offre toutes ses richesses naturelles. La Côte d'Azur, qui en possède encore davantage, y ajoute toutes les formes de la vie de plaisir.

♥ *"L'œil est ébloui par la beauté des sites"...* disent lyriquement les brochures.
Nice : monter au "Château" au sommet duquel la vue s'étend sur la ville (le rose, l'ocre, le jaune de ses murs et de ses toits), sur les collines de la Baie des Anges, sur l'Estérel baignés de lumière bleue ?
ou se promener sur... la Promenade des Anglais..., voir les gens, les grands Palaces, la mer ?

♥ *"L'oreille est charmée par l'accent du Midi qui chante dans les rues étroites du Vieux-Nice."*
Alors : s'y promener, et consulter le programme de l'Opéra ? ou celui d'un Festival, le Festival de Musique Sacrée, chaque printemps, la Grande Parade du Jazz aux Arènes de Cimiez ? mieux : attendre le Carnaval, "festival de l'audiovisuel".

♥ *"Le nez est caressé par le parfum des fleurs, en toutes saisons. Grasse, la capitale des parfums n'est pas loin."*
Alors : se promener dans le Marché aux fleurs, rue St-François de Paule en hiver, boulevard Jean-Jaurès en été ;
ou dans la Vieille Ville, ses rues étroites, tortueuses, souvent en pente raide, bordées de hautes maisons réunies par des cordes où sèche du linge ?

♥ *Quant au palais...* les grands restaurants ne manquent pas pour le satisfaire. Mais la "salade niçoise", à l'huile d'olive, trop simple, trop populaire, ne figure pas souvent à leurs menus.
Alors : chercher un petit restaurant dans la Vieille Ville et demander une soupe au pistou, une ratatouille, une pissaladière ; ou tenter sa chance à Mougins, à Cagnes, à Vence...

♥ *"Le corps tout entier, protégé du mistral par les montagnes proches se livre ici à une mer et à un ciel encore plus bleu que partout ailleurs : "l'Azur"."*
Alors : choisir entre le chaud (le soleil luit ici 2 725 heures par an contre 1 027 à Londres) et le froid : dernier plaisir, la neige et le ski ne sont qu'à 2 heures de voiture.

sa Provence à elle

"Saint-Tropez ? [...] Deux cents autos de marque à partir de cinq heures, en travers du port [...]

Je connais l'autre Saint-Tropez. Il existe encore. Il existera toujours pour ceux qui se lèvent avec l'aube [...]

Quittez, par exemple, au sortir de Saint-Tropez, la grande route de tourisme — la route des mille autos moutonnières qui vont et viennent, de Sainte-Maxime à Saint-Tropez, de Saint-Tropez à Sainte-Maxime, Saint-Aygulf, Saint-Raphaël — bifurquez à gauche, vous voilà sur le chemin du Plan de la Tour [...] Ne perdez pas une roue, ne crevez pas votre dernier pneu ! Il n'y a point de piétons, toutes les autres voitures choisissent l'autre route, qui vous secourrait d'ici demain ?"

Colette, 1932, Prisons et Paradis (Ferenczi éd.).

Colette, (Sidonie Gabrielle), femme de lettres française, née à Saint-Sauveur-en-Puisaye (1873-1954), peintre de l'âme féminine (La Vagabonde, Le Blé en herbe) et de la nature familière (Claudine, Sido).

(Le petit Larousse)

Et la Corse ?

"Mérite (mieux qu') un détour"

8 700 km^2, à 180 km de Marseille.

"Une montagne dans la mer", d'altitude moyenne 568 m, avec un point culminant, le Monte Cinto à 2 710 m. Jusqu'à 5 à 600 m : végétation très épaisse, odorante, de cistes, d'arbousiers, de genévriers : le "maquis". Plus haut : des chênes-verts puis des châtaigniers, des pins maritimes ou laricios et des hêtres.

La mer : côtes rocheuses et découpées à l'ouest, plates et sablonneuses à l'est. Plages retirées, intimes ; plages larges et majestueuses. Sables dorés.

Petites villes perchées sur les hauteurs, villages solitaires. Hautes maisons de granite ou de schiste faisant corps avec le paysage.

Le Corse (250 000) : grave, fier, ambitieux, généreux, susceptible, hospitalier et méfiant, individualiste et social, catholique mais superstitieux, rêveur mais homme d'action, expatrié souvent, patriote toujours.

recommandé

Routes sinueuses, étroites : prudence.

Chemin de fer Ajaccio-Bastia (3 heures) et Bastia-Calvi (3 heures) : très spectaculaire.

Navigation de plaisance : nombreux ports et mouillages ; météo changeante.

Un excellent sentier pédestre de grande randonnée : le GR 20 (non-sportifs s'abstenir).

la table

Cochonnailles : *lonzu* (filet de porc), *prisuttu* (jambon cru), *figatelli* (saucisses), etc.

Fromages, dont le *brocciu* (fromage frais de brebis ou de chèvre).

Fruits de mer sur la côte, truites à l'intérieur.

Vins de Corse : *Patrimonio* (rouges et rosés généreux), *Cap Corse* (blancs moelleux).

Nabulio Buonaparte

"Mesdames et Messieurs, nous sommes maintenant sur la petite place Letizia, du nom de la mère de l'Empereur, devant la maison natale de Napoléon, dont la façade, comme vous voyez, porte les armes de la famille Bonaparte.

Cette "Casa Buonaparte" a été saccagée par les partisans de l'indépendantiste Paoli en 1793. Bonaparte, alors officier d'artillerie de 24 ans, fidèle aux idées républicaines, dut s'enfuir avec sa famille.

De retour en 1798, Letizia remit sa maison en état et fit construire la grande galerie du 1er étage que vous allez voir. Le mobilier actuel date de cette époque.

Letizia était une excellente maîtresse de maison. Elle s'occupait attentivement de ses nombreux enfants — elle en a eu treize !... Napoléon, né le 15 août 1769, était le second. Ce nom, peu commun, fut vite remplacé par le diminutif corse de Nabulio ou Nabulione, "celui qui touche à tout".

Il faut dire que le caractère du futur empereur était très querelleur : "je ne craignais personne", reconnaîtra-t-il plus tard, "je battais l'un, j'égratignais l'autre. Je me rendais redoutable à tous".

Avant de vous demander de me suivre, Mesdames et Messieurs, permettez-moi de vous rappeler que nous avons vu hier au Musée Napoléonien de l'Hôtel de Ville, l'acte de baptême de l'Empereur, ainsi d'ailleurs, qu'un moulage en bronze de son masque mortuaire réalisé à Sainte-Hélène. Letizia repose à la Chapelle Impériale, rue Cardinal-Fesch. Place Général-de-Gaulle, se dresse le monument en bronze de Napoléon, en empereur romain, et de ses quatre frères. Mais c'est place d'Austerlitz que vous pourrez admirer l'imposant monument de Napoléon 1er, rappelant ses victoires. C'est la réplique de la statue, aujourd'hui dans la Cour d'Honneur des Invalides à Paris. La tradition veut qu'avant d'être envoyé, à 14 ans, à l'École Militaire de Brienne, Napoléon enfant ait joué parmi les rochers à gauche du monument.

Mesdames et Messieurs, veuillez me suivre, nous allons commencer la visite."

Hors des hordes, sac à dos

Je suis arrivé à Nice par avion avec, dans la tête, un grand projet : visiter la Côte d'Azur — et, dans ma valise, quelques vêtements légers. Quel bonheur quand, à l'Office de Tourisme, on m'a dit : "Vous êtes ici !".

Puis j'ai pris l'autocar pour Menton. C'est par "la Riviera" que je voulais commencer ma promenade. Mais dans le car, sur les trottoirs et dans les rues des villes — en

fait, ce n'est qu'une seule ville jusqu'à Menton ! — j'ai eu peur. Peur des gens, des foules, des hordes...

Alors, j'ai décidé d'oublier le plus vite possible la Côte surpeuplée et ses voitures et de partir, à pied, découvrir l'intérieur. A Menton j'ai acheté le Topo-Guide du Sentier de Grande Randonnée appelé "Sentier des Balcons de la Côte d'Azur".

Ah, mes amis, quel merveilleux balcon !

"Les temps de marche indiqués", dit le Topo-Guide, *"correspondent à une marche sans arrêt à la vitesse de 4 km à l'heure... Mais sur les sentiers de montagne, il faut une heure pour monter de 300 m ou descendre de 400 m, pour un randonneur moyen."*

C'est mon cas, je me suis acheté de bonnes chaussures...

J'ai laissé ma valise à la consigne de la gare de Menton et je me suis acheté un équipement de montagne avec un bon sac à dos. *"Récoltez de beaux souvenirs"*, dit encore le Guide, *"mais ne cueillez pas les fleurs. N'arrachez surtout pas les plantes : il pousserait des pierres."*

dessins Puig Rosado

"A la chapelle Saint-Antoine le sentier monte à gauche. Après le cimetière, on prend un chemin de terre jusqu'à une pancarte indiquant la direction du Plan du Lion.
Plan du Lion (716 m). On croise le GR 52 qui se dirige au nord vers Sospel et au sud vers Menton. A l'est le sentier va gagner la crête frontière où il "tend la main" si l'on peut dire aux sentiers italiens au Pas du Porc."
J'ai pris le GR 52 et je suis monté par Sospel, puis la Pointe des Trois Communes (2 080 m) et le Pas du Diable (2 436 m) jusqu'à la Vallée des Merveilles — la bien nommée — dans le Parc National du Mercantour. Il m'a fallu 16 heures de marche... en plusieurs jours !
Après... mais ceci est une autre histoire !...

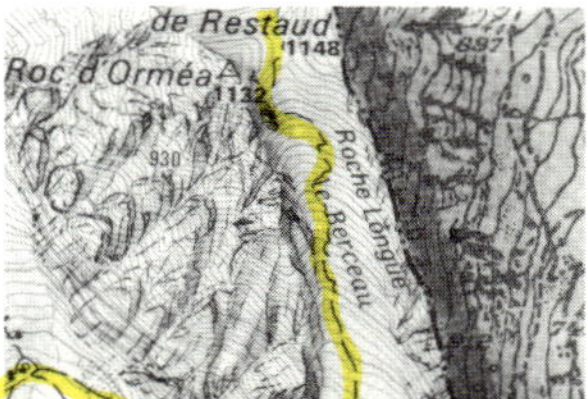

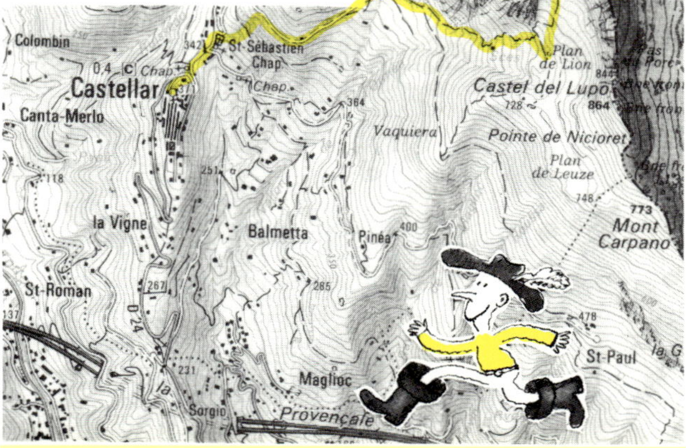

La carte ? Là-dessus, 3 cm représentent 1 km : il faut faire attention !

Castellar (390 m), village formant une sorte de forteresse carrée, située sur un plateau commandant, à la fois, deux vallées. De la place Clemenceau, plantée d'un orme centenaire, beau panorama.

On prend la voiture ?

"Elle tient bien la route." C'est ce qu'on dit d'une bonne voiture, facile à conduire. Mais il faut aussi suivre quelques conseils pour éviter les accidents. Ce ne sont pas toujours les autres les mauvais conducteurs : les "chauffards".

les signaux

Tout le monde connaît les signaux internationaux, bien sûr, mais il y a aussi certaines habitudes françaises...

Par exemple, vous arrivez à un carrefour (ou croisement) dangereux. Vous devez laisser le passage aux véhicules venant de votre droite : ils ont la priorité, ils sont prioritaires. Quand c'est vous qui avez priorité, soyez quand même très prudent.

Respectez les limitations de vitesse, même si les Français ne les respectent pas toujours. Ne faites pas la course avec eux, surtout si vous ne connaissez pas la route. Il vaut mieux penser à votre sécurité qu'à votre "moyenne".

les routes à trois voies

Elles sont plus dangereuses qu'il n'y paraît. Redoublez de prudence en haut des côtes. Si votre volant est à droite, ayez à votre gauche une personne sûre qui "a l'œil", qui ouvre l'œil et le bon.

les dates à éviter

Le lundi de Pâques et le lundi de Pentecôte, le dernier week-end de juin, les premiers week-ends de juillet, août et septembre, le 14 juillet, le 15 août et d'une façon générale tous les jours fériés.

les "points noirs"

Ce sont des endroits où se produisent des accidents, où se forment des "bouchons" longues files de voitures bloquées. Pour les éviter, téléphonez avant votre départ aux divers services de renseignements, écoutez les "radio-guidages", suivez les conseils de BISON FUTÉ ⊠ 176

D 105
LA GRANGE AU BOIS
D105
La Grange au Bois
0,2 km
Dijon 30 km

Le rose...

Il y a des jours où l'on voit la vie en rose. On a décidé par exemple de traverser la Bourgogne avant de prendre "l'autoroute du soleil" pour se rendre sur la Côte d'Azur. Voici ce qu'on peut lire sur l'itinéraire.

La Bourgogne et le Bourgogne. Par la N.74 vous traversez les vignes ou vignobles où l'on récolte les grands vins de Nuits-Saint-Georges, Chambertin, Beaune, etc. Visitez le justement célèbre Hôtel-Dieu (XVe siècle) et son musée (magnifique tableau de Roger Van der Weyden).

A6. Vous allez maintenant entrer sur l'autoroute A6 (péage).

Lyon, si vous décidez d'y faire étape, vous y trouverez d'excellents restaurants. Voir la Basilique Notre-Dame de Fourvière et le vieux quartier de la Croix-Rousse.

Montélimar, si vous êtes gourmand, arrêtez-vous pour goûter (et acheter) le célèbre "nougat". ☆208

...et le noir

Bons vins, bon(s) repas = estomac lourd...
Beaux paysages, beaux arts = tête pleine...
Ne pas s'endormir au volant, ne pas risquer l'accident !

Et s'il se produit : ne pas se fâcher, rester calme, courtois, et bien comprendre, pour bien rédiger le :

"Constat européen d'accident"

Aux articles 10, 11, 12, 13, 14 tous les mots comptent (cette fois soyez vigilant !). ✉176

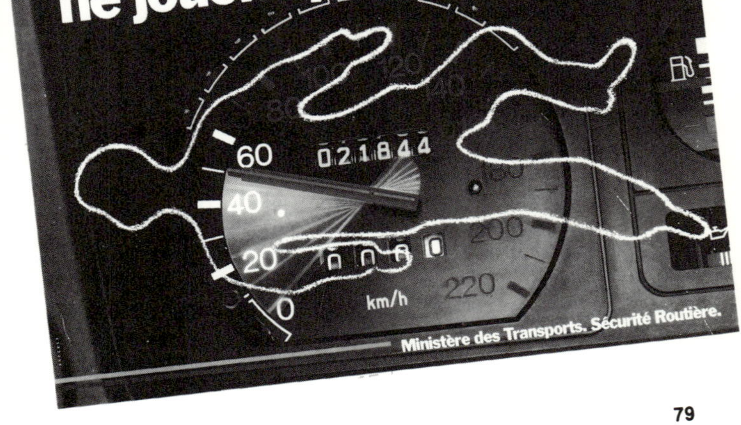
Vitesse:
ne jouons pas avec la vie.
Ministère des Transports. Sécurité Routière.

Ça roule !

"Ça roule !", c'est ce qu'on dit quelquefois familièrement pour faire comprendre que tout va bien.

sur deux roues

La bicyclette ("le vélo") est toujours très populaire en France. Mais les jeunes préfèrent de plus en plus "faire de la moto" ! Ne pas confondre :

— le cyclomoteur, sorte de bicyclette avec un moteur de moins de 50 centimètres cubes (cc), qu'on peut conduire sans permis à partir de 14 ans ;

— le vélomoteur, qui est une petite moto de plus de 50 cc ;

— la motocyclette, moto appelée aussi la "bécane". Une moto de grosse cylindrée (plus de 500 cc) est un "gros cube".

sur plus de quatre roues

Il ne s'agit pas des camions, avec ou sans remorque, mais des voitures qui tirent une caravane, de plus en plus nombreuses.

Sur quatre roues, on peut aussi transporter sa maison. Son nom français — ou plutôt franglais — : "camping-cars" !...

En voiture (quelquefois grâce à une remorque), en caravane, en camping-car, en moto, en vélo ou "à vélo", et à pied, des millions de Français font aujourd'hui du camping.

les roues des autres : l'auto-stop

Les automobilistes français ne s'arrêtent pas facilement ; on aura peut-être plus de chance avec les chauffeurs routiers. Mais rester prudent : éviter de voyager seul (ou seule), surtout la nuit.

Les meilleurs endroits pour "lever le pouce" ? On les connaît si on a déjà un peu roulé dans tous les pays.

ça glisse

papa, maman et moi sur le canal du midi

Fragment de notre journal de bord

Après l'écluse d'Argens, commence le plus long bief du parcours : 54 km sans une seule écluse, le long des monts du Minervois. Région réputée pour ses petits vins de pays que l'on peut déguster dans les villages traversés : Rubi, Ventenac, Le Sommail...

le guide

Arrêt sympathique à Ventenac : jolie église, boulangerie avec vieux four. Acheté beurre et "La Dépêche". Déjeuner près des vignes. Arrivée au port de La Robine : il faut choisir entre 2 directions. Tout droit : Beziers et Sète ; à droite : Narbonne, et au delà, la Costa Brava. (ce sera pour un autre été). Papa

Journée moins ensoleillée que les autres... la pluie tombe sur le canal, c'est reposant. Après-midi avec ciel dégagé. Petite sieste sur le toit avant du bâteau. Navigation abondante mais peu gênante. Beaucoup d'Anglais, de Hollandais. Martine

On prend le train ?

Bonne idée ! La SNCF fait rouler 1 000 trains par jour à 160 km/h en moyenne sur 20 000 km de lignes ☆195

ne pas se perdre dans la gare

- s'informer et réserver sa place
- acheter un billet au guichet ou à un distributeur automatique
- enregistrer ses bagages
- ou les laisser à la consigne automatique
- attendre le train dans une salle d'attente
- prendre un café-crème ou un verre au bar
- prendre un vrai repas au buffet
- acheter un journal ou une revue au kiosque

faire le bon choix

Demander le *Guide pratique du voyageur* SNCF. Il contient beaucoup de conseils et, sur feuille séparée, le dernier prix du km plein tarif, en 1re et 2e classes.

Essayer de profiter d'un "billet de séjour" ou d'un des tarifs réduits offerts aux jeunes, moins jeunes, couples, familles ou groupes divers.

Réserver une place assise, comme une place couchée, le plus longtemps possible à l'avance et surtout, comme dit le dépliant : *Voyager au bon moment.*

S'informer sur l'horaire du train ou de l'autorail par téléphone ou, dans la gare, au guichet ; voir les affiches-horaires, prendre une fiche-horaire.

savoir vivre dans le train

Choisir si possible, selon ses goûts, une voiture à compartiments et couloir ou une des nouvelles voitures "Corail", et préférer peut-être être assis dans "le sens de la marche".

Bien dormir : pour un voyage de nuit, prendre une couchette ou chercher plus de confort dans une voiture-lit (la SNCF peut réserver une chambre à l'arrivée : demander le dépliant *Paris Train-Hôtel).*

Bien manger : choisir entre repas classique dans la voiture-restaurant, plateau-repas (à demander), plateau froid et boisson à la voiture-bar, sandwich et boisson demandés au passage du "vendeur ambulant". ✉181

J'aimerais bien en savoir davantage...

— Vous voudriez profiter d'un "billet de séjour", je suppose ? Eh bien, si vous commenciez en "période bleue" chacun des trajets auxquels vous pensez, vous bénéficieriez d'une réduction de 25 %. Renseignez-vous avec le *Guide Pratique.*

— Si je comprends bien, il y aurait...

— Bien sûr : des bonnes et des moins bonnes périodes. Choisissez les "jours bleus" pour voyager plus confortablement, et à des prix avantageux. les "jours rouges", peu nombreux, sont les jours de grands départs. A éviter ! Renseignez-vous, au moins avec le *Calendrier-Voyageurs* de l'année.

— J'ai entendu dire qu'il y avait à la SNCF ...

— Certainement ! des Services de Tourisme : plus de 1 400 programmes. Promenades d'après-midi, excursions d'une demi-journée, grands circuits de plusieurs jours. Le tout en autocar. Avec le TGV on va quelquefois trop vite ! Renseignez-vous ! Demandez la brochure *Plaisir de voir.*

— Volontiers ! le TGV, c'est le Train à Grande Vitesse. Et les TAC, sont les Trains Autos Couchettes. Les TEE, les Trans Europ Express. Les TEN, les Trans Euro Nuit. Avec les lettres, ça paraît plus simple... mais ça ne doit pas être facile pour les étrangers...

— Justement : n'y aurait-il rien pour ...

— Mais si, mais si. Voyez *France-Vacances.* C'est un billet touristique qui ne s'achète que... dans votre pays, valable 7 jours, 15 jours ou un mois et qui... mais vous devriez vous renseigner. "Un homme averti en vaut deux !". Et vous paierez pour deux, moins que pour un !

Allons, enfants de la Patrie !

"Patrie n.f. du latin patria = pays du père", dit le dictionnaire. Quel père ? Quels pères ?

Paris - province

"La province", "les provinciaux", ce sont plutôt des mots de Parisiens. Sur place, on se dit plutôt Normand ou Breton, Alsacien ou Savoyard, Gascon ou Provençal, etc. et on est fier de l'être. D'ailleurs, même à Paris, beaucoup d'anciens provinciaux n'oublient pas leur région d'origine : ils se réunissent, ils ont leurs journaux et leurs fêtes. La tradition de ces provinces s'est conservée dans les costumes que l'on ressort les jours de fête par exemple pour défiler, le jour du Pardon, en Bretagne (page 90) ou danser la Sardane, en Roussillon (p. 92).

la Gaule, "province" romaine

Sous les Romains déjà, il y avait des différences entre le nord et le sud du pays dans la manière de parler le latin : les Romains, en effet, se sont installés d'abord dans le Midi et ne sont "montés" dans le Nord que plus tard. Ensuite, les invasions germaniques, venues de l'est, les invasions normandes et celtes, du nord, les invasions berbéro-arabes, du sud, ont eu des influences diverses. Et des peuples plus anciens — Bretons et Basques — ont résisté.

deux façons de dire "oui"

Dès les Xe et XIe siècles, deux types de langues très différentes, toutes d'origine "romane", se sont développées — appelées, selon la façon de dire "oui" — la langue d'oïl au nord, la langue d'oc au sud. Celle-ci a eu très tôt une culture très riche,

La Marseillaise

Allons, enfants de la patrie, le jour de gloire est arrivé !
Contre nous de la tyrannie, l'étendard sanglant est levé,
l'étendard sanglant est levé...

Aux armes, citoyens ! formez vos bataillons ! Marchons !
Marchons ! Qu'un sang impur abreuve nos sillons.

Moitié du premier couplet et refrain. C'est à peu près tout ce que la plupart des Français connaissent par cœur...

Quelle violence ! C'est que paroles et musique de cette "chanson de marche" sont d'un capitaine, Rouget de Lisle, et que ce chant qui date de 1792, a d'abord été chanté par des soldats marseillais (c'est pourquoi on l'appelle La Marseillaise), à Paris, le 10 août de la même année.

illustrée par les troubadours. Près des frontières on parlait d'autres langues comme le flamand, l'alsacien, le catalan. On les parle encore.
La culture occitane renaît aujourd'hui. Elle est répandue dans plus de 30 départements où est encore parlé, ou au moins compris, un des grands dialectes d'oc : l'auvergnat, le limousin, le gascon, le languedocien et le provençal.
26 % seulement des Français trouvent un peu démodés les symboles nationaux (La Marseillaise, le 14 juillet, le drapeau tricolore) ; 70 % jugent qu'ils possèdent la même valeur qu'autrefois.

Superlatifs en Normandie

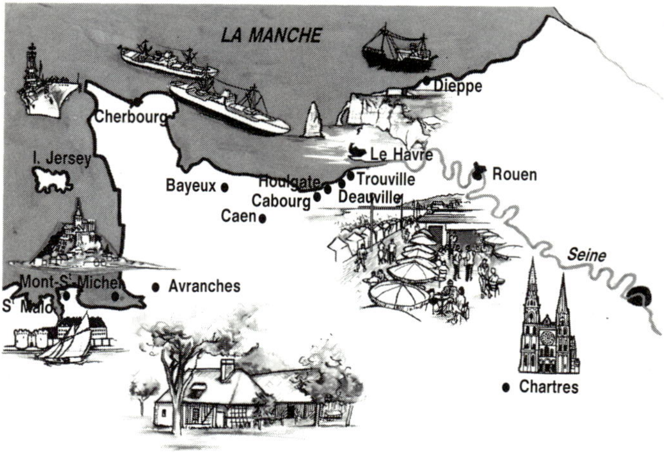

Les Normands ne mériteraient-ils pas leur réputation qui est de rester toujours entre le "peut-être bien que oui" et le "peut-être bien que non" ?

une "merveille"

A la frontière de la Normandie et de la Bretagne, sur un îlot rocheux de 78 mètres de haut et de 900 m de tour, à 1 800 mètres de la côte, a été élevée en l'honneur de Saint-Michel, il y a plus de mille ans, une magnifique abbaye qui compte parmi les plus belles de l'Occident.

"La Merveille" qu'on voit aujourd'hui, au nord de l'île, construite par les moines au 13e siècle, s'élève sur trois étages. Tout en haut, dans le Cloître, on se croirait entre ciel et terre.

Dans la baie s'observe un autre fait extraordinaire : la plus forte marée d'Europe.

"le jour le plus long"

Il ne s'agit plus de saints mais de héros. Souvenons-nous du "Jour J". Dans la nuit du 5 au 6 juin 1944, s'avance vers la Normandie la plus formidable Armada que l'océan ait connue. Des parachutistes, en même temps, occupent le terrain : Sainte-Mère-Église est le premier village libéré. La 1re Armée américaine prend pied sur les plages qu'elle appelle Utah et Omaha. La 2e Armée britannique combat plus à l'est (Gold, Juno, Sword). A Arromanches, les Alliés construisent un port où vont débarquer, en 7 semaines, 1 500 000 soldats alliés. Cinquante villes normandes sont en flammes. Mais c'est, pour les armées allemandes, le commencement de la fin.

Cousins-cousines devant la "Tapisserie" de Bayeux

La porte du nord-est

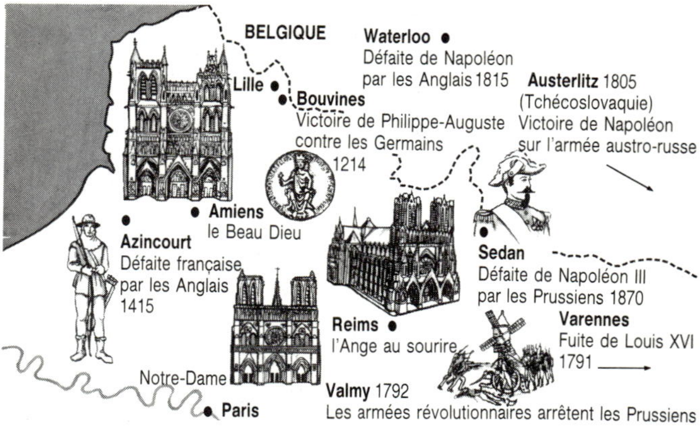

la guerre

Sur "le pas" de cette porte toujours ouverte sont passées beaucoup d'armées étrangères et françaises.

Dans la plaine de Châlons-sur-Marne s'est arrêté Attila en 451. A Bouvines (1214) Philippe-Auguste a battu un empereur germanique. Mais à Azincourt les Français sont battus par les Anglais (1415). C'est par là que Louis XIV est passé pour aller conquérir le Palatinat (1687) et que Louis XVI a voulu s'enfuir, — mais la porte s'est refermée à Varennes (1791). C'est là, à Valmy, que les armées révolutionnaires arrêtent les Prussiens l'année suivante. C'est par là encore que Napoléon est parti pour aller jusqu'à la victoire d'Austerlitz (1805) et qu'il est revenu pour se faire battre à Waterloo (1815). Autres croix : à Vimy où se battent les Canadiens (1915), à Verdun où les Français arrêtent l'avance allemande (1916), à Romagne-sous-Montfaucon (le plus grand cimetière américain d'Europe) ; sans oublier Sedan, lieu de deux dates noires : 1870, 1940.

la paix du XIIIe

C'est là aussi pourtant, plus exactement en Ile-de-France, que des architectes français, aidés par des expériences faites en Angleterre et en Bourgogne, ont créé dans la première moitié du XIIe siècle, une forme d'art — une architecture et un style — qui s'est développé ensuite dans la moitié sud de la France et dans toute l'Europe chrétienne : l'"art gothique". Certains parlent plutôt d'"art ogival", ou même d'"art français", en admirant ces grandes cathédrales qui ont petit à petit succédé aux cathédrales romanes : Notre-Dame de Paris, Notre-Dame de Chartres, Notre-Dame de Reims, Notre-Dame d'Amiens.

On a tant bâti au cours du XIIIe siècle, le "grand siècle" du gothique, parce que c'était un siècle de grande foi et de paix.

"L'Ange au sourire" de Reims au "Beau Dieu" d'Amiens

Sur la route du Midi

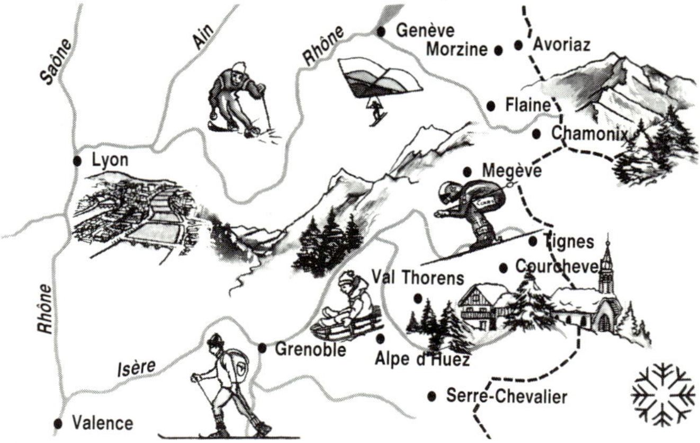

Lyon et ses théâtres

Lyon, ancienne capitale des Gaules, semble avoir toujours été sous le signe du théâtre ; par ses théâtres romains, en haut de Fourvière ; par le souvenir de Guignol et de Gnafon (voir, parmi plusieurs musées originaux, celui de la Marionnette) ; par ses cinquante troupes théâtrales modernes, sans compter celle du théâtre National Populaire de Villeurbanne, modèle national ; par son décor "en dur" : des pierres romaines de Lugdunum au béton armé de la Foire, en passant par les voûtes romanes et gothiques de la cathédrale Saint-Jean, les demeures Renaissance du Vieux-Lyon, les façades XVIIIe de la Place Bellecour et les dômes de la Basilique (fin du XIXe) ; et enfin, par les riches étoffes des "personnages" : Lyon est la capitale de la soie depuis le XVe siècle (voir le Musée des Tissus).

C'est sur cette scène que les Lyonnais ont, de père en fils, si bien joué leur rôle que la 2e ville de France est devenue non seulement une grande capitale industrielle et commerciale mais — attention touristes ! — une capitale de la gastronomie.

grenoble, son cirque de montagnes

Grenoble est restée enfermée dans son cercle de montagnes jusqu'au XVIe siècle. Elle ne s'est vraiment ouverte sur l'extérieur que grâce aux deux ou trois dernières générations de Grenoblois.

Elle est devenue une grande ville universitaire de 35 000 étudiants, dont 15 % d'étrangers, avec trois universités, des laboratoires, un centre de recherche et cinq Écoles Nationales Supérieures d'Ingénieurs. Elle est reconnue comme la capitale des Alpes françaises, au milieu de 4 massifs de montagnes et 30 stations dont 10 classées, à une demi-heure, une heure ou, au plus, une heure et demie de voiture.

Trop poli pour être... compris

Bretagne et Bretons

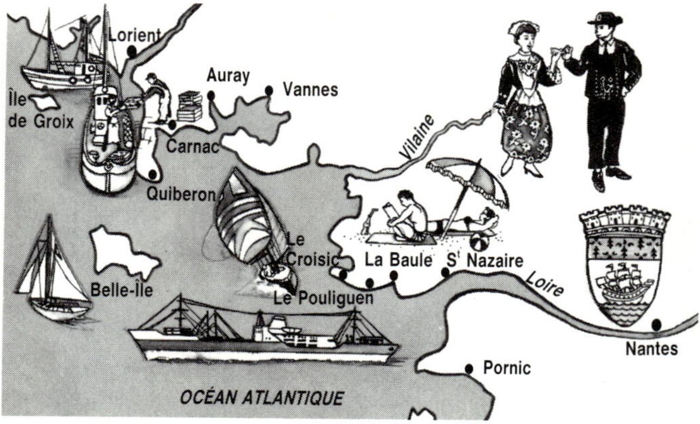

ar mor = la mer

L'Armorique, partie de la Gaule formant aujourd'hui la Bretagne, offre sur plus de 1 000 kilomètres de côtes très découpées, de la "Côte d'Émeraude" (Dinard), au nord, à la "Côte d'Amour", au sud, une cinquantaine de stations.

La Baule en est la reine. Sa plage de sable, longue de 10 kilomètres et large de 1 000 mètres à marée basse est une des plus belles d'Europe. Chaque âge y trouve ses plaisirs ; du Casino aux jeux de la plage, du palace à la pension de famille avec baignades et bains de soleil pour tous. "La saison" y commence à Pâques pour ne se terminer qu'en octobre.

Si on aime les sports nautiques, des ports de plaisance bien équipés y sont nombreux, au Poulignen, par exemple ; plus modestement, on ira à marée basse sur les rochers à Pornichet, ou, entre La Baule et le Croisic, ramasser des fruits de mer.

vive les Bretons !

Aux Ve et VIe siècles, chassés de Grande-Bretagne (*Great Britain*) par les Angles et les Saxons, des Celtes débarquent en Armorique et l'appellent... Petite Bretagne (*Brittany*).

Beaucoup de traditions celtiques sont encore vivantes, le respect dû aux saints surtout : des "petits saints" comme saint Thegonnec à la grande sainte Anne, patronne des mères de famille. Le jour du "Pardon", toute la population défile en procession devant eux et devant le Christ en croix du Calvaire.

Et la langue bretonne vit toujours. On l'enseigne dans les écoles, à l'Université. Elle est lisible dans les noms de lieux et les noms de personnes. Même si l'on n'est pas un cousin britannique (*a Briton*), que l'on frappe à la porte d'un *Le Bihan* (le petit) ou d'un *Le Braz* (le grand), on sera toujours bien accueilli !

... Quels sont ces bruits sourds ?... Écoutez vers l'onde, Cette voix profonde Qui pleure toujours Et qui toujours gronde, Quoique un son plus clair, Parfois l'interrompe, le vent de la mer souffle dans sa trompe
Je le connais ce poème, c'est de VICTOR HUGO... C'est comme en classe, notre prof nous l'a expliqué : on entend une basse ON...ON...OU...ON... et des fois un petit coup de trompette ; CLAIR...MER...
Qu'est-ce qu'il fait celui-là, où se croit-il ?...
Ouais ! le poète c'est un homme-orchestre, Comme VICTOR HUGO..
C'est vrai, et aussi comme une batterie 1...2...3...4... C'est ça la poésie ?...

Vers les portes d'Espagne

l'Aquitaine

On veut connaître Bordeaux ? Prendre l'*Étendard* ou l'*Aquitaine* et descendre à la Gare Saint-Jean pour faire une enquête sur le bordeaux.

Il y a, dans tout le Bordelais, beaucoup de vins simplement classés "bordeaux", "bordeaux supérieur", bordeaux mousseux comme du champagne, "bordeaux rosé" ou "clairet" (vin léger en alcool et peu coloré), vendus à des prix raisonnables et qui sont très proches des "grands".

la Catalogne française

On veut connaître Perpignan et le Roussillon ? Prendre le *Paris-Côte Vermeille* et descendre à la Gare de Perpignan, centre du monde pour Salvador Dali. On peut hésiter :
...visiter la ville ? "monuments des XIIe et XIVe siècles... palais des Rois de Majorque" ...et apprendre à danser en rond la sardane, avec Catalans et Catalanes ?...
...descendre à la mer ? Vers le sud-est, pour la Côte Vermeille : Collioure-la-Rouge, ville des peintres, et Banyuls, la "Balnea" des Romains et patrie de Maillol ? ou vers le nord, pour la nouvelle "Floride française" du Languedoc : Fruissau, Cap d'Agde, la Grande-Motte ?...
...Remonter une vallée pyrénéenne, celle du Tech par exemple, jusqu'au vieux Prats-de-Mollo et ses remparts ?
...Prendre les eaux à Amélie-les-Bains si l'on a des rhumatismes ?

...S'intéresser à Maillol ? Pourquoi pas !

Femmes, femmes, femmes...

Nuits étoilées

ah ! les belles étoiles !

Pour choisir selon ses moyens et ses goûts, tout dépend du nombre d'étoiles !
A Paris, ces étoiles sont plus nombreuses sur la rive droite (autour de l'Opéra, près des Champs-Élysées). Mais sur la rive gauche on en trouvera davantage qui, en plus du confort, ont du cachet, du caractère : la maison est ancienne, joliment meublée et décorée.
En province comme à Paris, on peut hésiter entre une petite chambre dans un ★★ bien tenu, vieillot mais coquet, et une grande dans un ★★★ central et bruyant.
Dans "une pension de famille" on est presque toujours sûr de trouver une atmosphère chaleureuse mais, bien sûr, il faut y "prendre pension" au moins une semaine. Il arrive qu'on y passe toute sa vie... ⊠183

"à la belle étoile"

En dehors des villes, on a plus de chance de mieux voir les vraies étoiles.

♣ "La vie de château" : cent à cent cinquante châteaux sont ouverts aux touristes qui aiment le grand confort, avec un service de luxe dans un cadre sinon historique, au moins de classe. Il s'agit de la chaîne des "Châteaux-Hôtels et Relais de campagne".

♣ Le grand calme : voir "Logis et Auberges de France" dont 85 % des hôtels se trouvent dans des villes de moins de 5 000 habitants, à la mer, à la montagne, à la campagne — demander aussi "Bienvenue à la Ferme" — ou les "Relais du Silence" qui promettent "calme, tranquillité et repos".

♣ La vie au grand air : si l'on est prêt à faire soi-même la cuisine, si l'on a de jeunes enfants, on peut s'adresser aux "Gîtes Ruraux" ou aux "Villages de Vacances". Le prix de la semaine pour une famille, dans un bungalow est celui d'une nuit solitaire dans un ★★★★.

♣ Les "Auberges de Jeunesse".

♣ Sous la tente : les camps ont aussi des ★. Si l'on est tenté par le "camping sauvage", se renseigner auprès du Syndicat d'Initiative local et, bien sûr, du propriétaire du terrain.

♣ Sous les ponts : si l'on ne trouve rien de mieux, ou si l'on est complètement "fauché", on peut toujours coucher dans les salles d'attente des gares... à l'Armée du Salut ou sous les ponts, avec les clochards !

Demain il fera jour

Au grand hôtel des mots

Un dictionnaire, c'est comme un grand hôtel, avec des centaines, des milliers de chambres (75 700 dans le *Petit Larousse*). Des grandes chambres pour "les grands mots", chargés de sens, chargés de famille : âge, amour, bonheur, **les** jeunes, **les de la** droite, **de la** gauche, **de la** fête... **Des petites chambres pour les mots simples qui y vivent avec une ligne ou deux. Leurs portes restent souvent fermées, alors que les grands mots sortent tous les jours et s'enrichissent de sens nouveaux.**

D'autres mots, qui s'ennuient au fond d'une arrière-cour, parce qu'ils ont un emploi trop spécialisé, — **débile, dingue** ou **génial, rétro, sauvage** ou **vert** — s'arrangent pour être remarqués, se font un nouveau visage et entrent à leur tour dans le monde des salons où l'on cause.

Quand le dictionnaire affiche "complet", les mots nouveaux, qui veulent entrer, font la queue. Beaucoup ont un air franglais : on les acceptera s'ils promettent de se faire naturaliser. Un **tour operator** a été accueilli la dernière fois avec un **bébé-éprouvette**. D'autres n'entreront que par la petite porte : les mots populaires, les mots familiers. Dans quelque temps ils auront droit aux plus belles chambres, comme les plus anciens clients. Comme la vieille **gueule**, par exemple, pourtant si "grande" et si "sale" et qui se fait passer aujourd'hui pour "bonne" et "fine" trop souvent.

Feuilletons le registre des entrées.

AGE, nom masculin. On ne parlait jusqu'ici que du premier (âge), on parle maintenant aussi du troisième (âge);

AMOUR, nom masculin, est client depuis dix siècles. Au service de Dieu comme au service des hommes et des femmes, il est maternel, paternel, filial, fraternel. Il a encore un bel avenir.

BONHEUR, nom masculin. "Amour", "bonheur", "tendresse" : ils s'entendent bien ces trois-là !

DÉBILE, adjectif et nom. "C'est un enfant débile !" : sans force. "C'est un vieil homme débile" : très diminué. Aujourd'hui "Ce film est complètement débile !" veut dire inintéressant, stupide.

DINGUE, adjectif et nom, était "un peu fou". Maintenant : "surprenant". Un métier, un magasin, un livre peuvent être "dingues". C'est dingue, non ?

DROITE, GAUCHE, noms féminins. On sait ce que c'est

depuis toujours, sauf en politique. En France, les distinctions sont subtiles.

FÊTE, nom féminin : a eu plusieurs enfants depuis 10 siècles. Ils occupent maintenant des chambres voisines ; voir le dictionnaire Robert : *festoyer* au XIIe, *festin* en 1382, *feston* en 1553, *festivité* en 1801, *festival* en 1830, *fêtard* en 1859. La fête aujourd'hui c'est un peu tout cela. Belle famille !

GÉNIAL, adjectif. Non pas "qui a du génie" comme Shakespeare. Mais : "qui est amusant, bien trouvé, un peu dingue", comme certains dictionnaires justement.

JEUNE. Ce qui est nouveau pour ce vieil adjectif, c'est sa façon de s'habiller en nom : "Place aux jeunes !".

RÉTRO, adjectif et nom, n'était, après tout, qu'un petit préfixe : "rétrograder", c'est reculer. Il couvre maintenant une mode qui retourne au passé : "une barbe rétro", "un maquillage rétro". Il y a même des ordinateurs — tout va si vite ! — qui sont en train de devenir "rétro".

SAUVAGE, adjectif et nom. Était "sauvage", tout ce qui vivait, animal ou plante, à l'état de nature. On voit maintenant des "expositions sauvages", une "pédagogie sauvage", une "immigration sauvage" : elles n'obéissent pas aux règles.

VERT, adjectif et nom, s'est écrit VERD jusqu'au XVIIe siècle. Il "reverdit" de nos jours avec l'"Europe Verte" des agriculteurs, les "classes vertes" qui mènent les enfants des villes à la campagne, et tous les "espaces verts", encore trop rares.

Qui croire ?

Pour un portrait-robot du Français

pour les uns, il est "ouvert"

il est léger, changeant, rapide, gai... "il aime la vie".

"Sa 2 CV lui ressemble et il ressemble à sa 2 CV : économique, pratique, passe-partout, originale, étonnante, inimitable !"

"D'ailleurs quelle que soit sa voiture, il conduit comme un fou" (C'est ce que le Français dit de l'Italien...).

Un Allemand dira : "Chez nous on vit pour travailler ; le Français, lui, travaille pour vivre, le reste du temps, il se promène."

c'est vrai et pourtant...

il aime la liberté, mais personne au monde n'a, dans son portefeuille, autant de cartes d'identité de toutes natures.

Il aime son indépendance, mais il accepte d'avoir dix millions de chiens à qui il faut aller faire faire pipi deux fois par jour.

Il n'aime pas qu'on lui dise ce qu'il faut faire, il n'aime pas les fonctionnaires, les inspecteurs, les policiers. Il n'aime pas l'État, mais il en attend tout, ou presque. Il aime l'ordre ? Oui, à condition que ça ne dure pas trop longtemps.

pour les autres, il est "fermé"

il est critique, sceptique, individualiste... "il n'aime que lui".

"Attention, chien méchant"... "Défense d'entrer", etc. : "il n'ouvre pas sa porte à n'importe qui !".

"Mon beau pays"... "La douce France", etc. : "il n'aime rien plus que sa province, sa ville, son quartier".

"Il aime l'ordre mais pas l'autorité"... "Il aime la discipline mais pour les autres !"

"Il aime lancer des flèches aux autres — son "esprit" fait souvent mal — et il n'aime pas en recevoir."

c'est vrai ! et pourtant...

il passe de plus en plus ses vacances à l'étranger.

Comme vingt millions de ses semblables, il ouvre sa porte, chaque été pour les retrouver sur les routes qui mènent vers une autre solitude où ils vont ensemble.

Il aime la tradition, il est conservateur, mais il aime "le changement", le progrès ; il est bricoleur, inventeur.

Alors ? Qui croire ? En vérité "Le Français", ce "Français moyen" n'existe pas ! Il n'existe que des Français, 55 millions.

moi, ce que je crois...

D'après ce que vous savez des Français et des Françaises, comment les lectrices du magazine ELLE ont-elles répondu à ces questions sur "l'homme idéal" ?

A. **Combien d'entre elles sont attirées en premier chez un homme...**

1. par le regard ?

une sur 10	☐
une sur 3	☐
une sur 2	☐

2. par la façon de s'habiller ?

une sur 10	☐
une sur 5	☐
une sur 2	☐

B. **Que demandent-elles d'abord à un homme, quel que soit leur âge ?** (A classer, dans l'ordre)

1. qu'il leur fasse bien l'amour
2. qu'il vieillisse avec elles
3. qu'il soit loyal et fidèle

C. **Préfèrent-elles que l'homme avec qui elles vivent habite...**

1. Paris ?
2. une grande ville de province ?
3. une petite ville de province ?
4. à la campagne ?
5. l'étranger ?

Voici les pourcentages de réponses : 33 %, 22 %, 18 %, 17 % et 5 %. Replacez-les en face de chacune des questions du C.

D. **Pour elles, qu'est-ce qui, d'après vous, est le plus important ?**

1. Vivre avec quelqu'un qui a beaucoup d'argent, même si son travail l'oblige à être souvent absent ?
2. Vivre avec quelqu'un qui gagne moins d'argent mais qui est souvent avec elles ?

Quel a été en % le chiffre des réponses à 1 et à 2 ?

Le sondage ELLE-SOFRES a donné, pour ces quatre questions (il y en avait plusieurs autres), les résultats suivants :

A. 1. une sur trois 2. une sur cinq
B. Elles classent, dans l'ordre : 3 (60 %) 2 (30 %) 1 (9 %)
C. Elles sont 33 % à choisir le n° 3 ; 22 % le n° 4 ; 18 % le n° 1 ; 17 % le n° 2 et 5 % le n° 5. (5 % des interviewées sont "sans opinion").
D. D'après elles, le plus important c'est "2" 86 % sont de cette opinion, 9 % seulement répondent que c'est "1". (5 % sont sans opinion).

(P.S. : Oui, mais, d'après moi, il serait bien plus instructif d'avoir des réponses par "tranches d'âge" !... Je vais faire ma propre enquête sur ce point.)

L'année des Français

Leurs jours de fête

- Le Premier Janvier, ou Jour de l'An (CF) : on se souhaite les uns aux autres une "bonne et heureuse année". On s'offre des petits cadeaux appelés "étrennes".
- Carnaval (RM) : période qui commence "le Jour des Rois" (6 janvier). On mange en famille un gâteau plat appelé Galette des Rois. Celui ou celle qui y trouve la fève devient "Roi" ou "Reine" de la fête.
- Les Dimanche et Lundi de Pâques (RM) : c'est la grande fête du printemps. Les cloches des églises sonnent "à toute volée". On offre aux enfants des œufs en sucre ou en chocolat.
- Le Premier Mai (CF) : Fête du Travail. Les "travailleurs" défilent dans les rues. C'est aussi la Fête du Muguet.
- Le Huit Mai (CF) : anniversaire de la victoire des Alliés en 1945. Cérémonie du Souvenir.
- L'Ascension (RM) : le 6ᵉ jeudi après Pâques.
- Les Dimanche et Lundi de Pentecôte (RM) : dix jours plus tard, beaucoup de gens des villes vont passer "le congé de Pentecôte" à la campagne.
- Le Quatorze Juillet (CF) : Fête Nationale, anniversaire du 14 juillet 1789. On danse dans les rues. A Paris, on va voir passer la Revue (défilé militaire) sur les Champs-Élysées.
- L'Assomption : le 15 août (RF). Fête de la Sainte-Vierge et de toutes les Marie, la grande fête de l'été.
- La Toussaint : le 1er novembre (RF). Fête de tous les Saints. Le lendemain c'est "le Jour des Morts" : on va fleurir leurs tombes dans les cimetières.
- Le Onze Novembre (CF) : anniversaire de l'Armistice de 1918. Les Anciens Combattants se souviennent...
- Noël : le 25 décembre (RF). Anniversaire de la naissance du Christ. Dans la nuit du 24 au 25 beaucoup se réunissent pour partager le repas du "Réveillon" et/ou aller à la Messe de Minuit. Tous ceux, jeunes et moins jeunes qui croient encore au "Père Noël" attendent les cadeaux.

La plupart de ces jours de fête quand ils ne tombent pas un dimanche sont des jours fériés ou chômés : on ne travaille pas. Les jours de travail sont dits "ouvrables", de ouvrer (et non ouvrir !) = travailler.

R : Fête religieuse
C : Fête non religieuse, dite "Civile".
F : fixe, à la même date tous les ans.
M : mobile.

je suis agent de comptoir

...Vous ne comprenez peut-être pas bien ce que ça veut dire ? Bon, ben, je suis une de ces personnes qui, derrière le comptoir d'une agence de voyages, comme vous le voyez, reçoivent les clients. Ils ont déjà, le plus souvent une idée de voyage dans la tête. C'est à moi de leur donner des conseils, des informations, des prix, et pour finir, de leur vendre, si possible, un voyage qui plaise...

...Je vois beaucoup de gens et ce sont, le plus souvent, des gens heureux parce qu'ils préparent leurs vacances. Je les aide à organiser leurs loisirs et il me semble que j'en prends une petite part...

...Mon rêve, ce serait d'accompagner, au moins de temps en temps, des gens à l'étranger. Ici, quelquefois, j'ai envie de prendre l'air...

...Mais, pour le moment, je ne regrette rien...

...Excusez-moi une minute, on m'appelle. "Allô ? 763.22.58, "Le Point", j'écoute... Oui, Monsieur, oui, vous êtes bien tombé : nous sommes "tour-operators" sur la Tunisie justement... Si j'ai bien compris, vous pensez à un séjour à Tunis de quelques jours, suivi d'un circuit d'une semaine dans le Sud ?... Ah, pour les tarifs, il faudrait passer me voir à l'agence... Oui, quand vous voudrez, nous avons trois ou quatre programmes à vous offrir... Oui, le tarif dépend beaucoup du prix des hôtels... Non, Monsieur, vous n'aurez rien à dépenser en plus, tout est compris. A bientôt, Monsieur, quand vous voudrez..."

...Qu'est-ce que je disais ? Oui, j'aime bien mon travail quotidien. Je suis encore presque débutante, c'est vrai...

...Les deux années que j'ai passées à l'École m'ont appris, de toutes façons beaucoup de choses, et pas seulement sur le tourisme ; en histoire de l'art et en langues surtout. Il faut savoir deux langues étrangères, l'anglais avant toute autre. Et puis de la pratique aussi, la billetterie par exemple ; il ne faut pas se tromper quand on rédige un billet ou quand on organise un itinéraire. Jusqu'ici tout va bien avec mon patron, comme avec mes clients. Surtout quand ils sont sympathiques..., comme vous.

La maison des Français

Appeler les choses par leur nom

immeubles

- Retenir : pour la loi française est "immeuble" tout ce qui ne peut pas être déplacé ; le mot est cousin du mot "immobile". Mais en français courant on ne peut appeler "immeuble" qu'un "bâtiment", une "construction" de plusieurs étages : comme les H.L.M. = habitations à loyer modéré, si nombreuses (et souvent si laides) surtout dans les quartiers populaires.
- Observer dans les banlieues, les petites maisons individuelles, assez différentes les unes des autres (individualisme !...) appelées "pavillons".
- Noter : les logements collectifs — type "HLM" — et les logements individuels — type "pavillons" — sont à peu près aussi nombreux.
- Savoir : pour un petit appartement, "un deux-pièces" par exemple, les mots en usage :

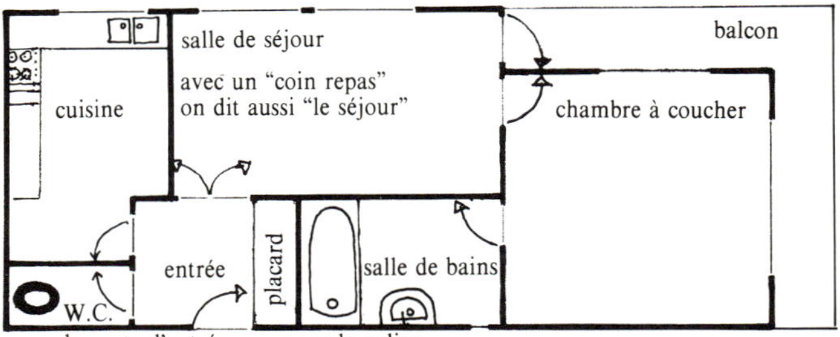

la porte d'entrée ouvre sur le palier

meubles

- Comparer : contrairement à l'immeuble, est meuble tout ce qui est "mobile" et forme "le mobilier".
- Distinguer : "le mobilier" d'une maison ou d'un appartement français ressemble à peu de choses près à ce qu'on voit ailleurs en Occident : on trouve souvent armoire et commode dans une chambre, buffet dans une salle-à-manger, tables, sièges ici et là. Les Anglais, plus que d'autres, trouvent peut-être qu'on y voit moins de fauteuils que chez eux.

  Mais l'ameublement — le choix, l'arrangement de ces meubles et toute la décoration — peut être très différent de ce qu'on voit dans d'autres pays et varier beaucoup d'un intérieur à l'autre.
- Ne pas confondre : le "Rustique", style venu d'une tradition provinciale et "l'Ancien", comprenant plusieurs styles (Louis XV, Empire, etc.) qui datent d'une époque antérieure.

  Rustique et Ancien peuvent d'ailleurs être authentiques ou imités. (On parle alors de copie, par exemple "copie d'ancien".)

façons de parler

En France, les gens, comme les choses — les meubles par exemple — n'ont pas tout à fait la même allure, le même "style" que dans les autres pays. Quand on parle, c'est tout le visage qui parle, surtout les yeux, les bras et les mains, le corps tout entier. Les Français, ont, paraît-il une mimique bien à eux.

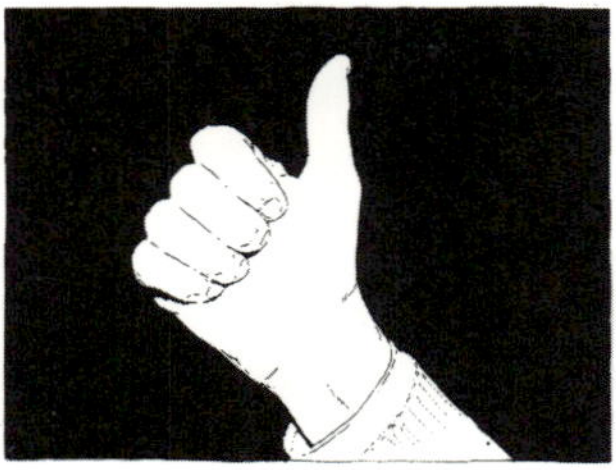

- Pierre — comment est ta nouvelle bicyclette ?
- Paul — comme ça ! (+ geste)

Sens : Très bien, formidable
Familier : Super

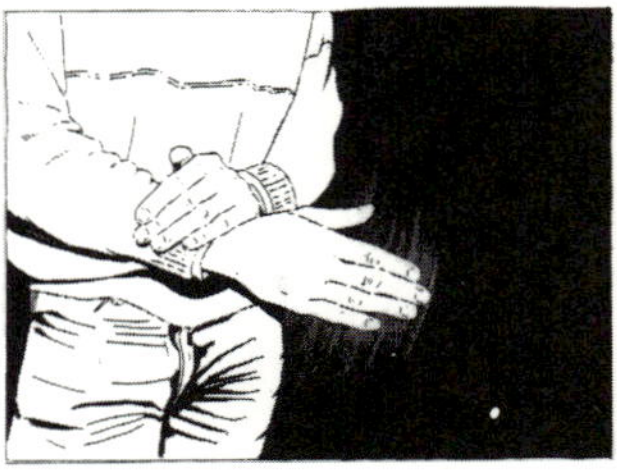

- Pierre — Dès qu'on peut !
- Paul — (Geste seul)

Sens : Nous partirons
Fam. : On file, on se tire.

- Paul — Avec ma mob je monte des côtes de 20 %
- Pierre — Oh... hé ! (+ geste)

Sens : Tu exagères, je ne te crois pas.
Fam. : Mon œil ! tu charries.

- Paul — Tu as de l'argent toi ?
- Pierre — Moi ? Pas ça (+ geste : l'ongle d'un pouce claque sous une incisive)

Sens : je n'ai rien, pas un sou.
Fam. : pas un rond ! Pas un radis.

- Pierre — Le livre que tu m'as passé... sans interêt ! (+ geste : Le dos d'une main frôlant la joue)

Sens : C'est très ennuyeux.
Fam. : Il me rase, il me barbe, j'en ai ras le bol. J'en ai marre.

- Paul — moi c'est pareil
- Pierre — (geste seul : faire semblant de jeter quelque chose en arrière, par-dessus l'épaule)

Sens : Ça m'est égal !
Fam. : je m'en fiche, je m'en balance.

Une journée avec eux

7 heures : quelquefois une demi-heure avant, rarement une demi-heure après, le réveil sonne... Sauf le mercredi pour les enfants bien sûr : jour sans école où ils peuvent faire la grasse matinée jusqu'à 8 h, 9 h ou plus. C'est souvent le père qui est debout le premier : il aime bien avoir la salle de bains à lui tout seul pour se raser. Après lui, elle est libre, et ouverte au plus courageux. Pendant ce temps-là, il va préparer le petit déjeuner dans la cuisine. A moins que la mère ne l'y ait précédé. Le petit déjeuner : c'est le plus souvent, une tasse de café noir ou un bol de café au lait avec une ou deux tartines de pain beurré. Les enfants ajoutent, selon leurs goûts, de la confiture ou du miel.

8 heures, 8 heures et demie : heure d'ouverture des écoles, des collèges et des lycées. Il faut partir à temps pour ne pas être en retard. A la campagne, les enfants prennent le car de ramassage, en ville l'autobus. Les autres vont à pied ou sont conduits en voiture soit par le père — soit par la mère si elle travaille (ou plutôt si elle travaille à l'extérieur car de toute façon, à la maison, le travail ne manque pas).

Midi, 13 heures : le système de la journée continue est fréquemment appliqué aujourd'hui dans les villes, et les enfants déjeunent à la "cantine" de l'école, les parents au "restaurant d'entreprise" ou à un petit restaurant voisin. Beaucoup d'ouvriers emportent un léger repas froid (un "casse-croûte") ou, mais de plus en plus rarement, un plat à réchauffer dans une "gamelle".

16 h - 17 h : les jeunes enfants, s'il y a quelqu'un à la maison pour le leur préparer, aiment bien avoir un goûter : pain et confiture ou chocolat, par exemple.

18 h - 19 h : tout le monde, le plus souvent, est rentré du bureau, de l'usine, de l'école, etc. Les enfants ont des devoirs à faire, les parents du courrier ou des rangements... On dîne en général, vers 20 heures, 20 heures 30. C'est la demi-heure du journal télévisé. Assez souvent on le regarde en mangeant... Au menu du dîner : quelque chose pour commencer, un plat de viande ou de poisson, accompagné de légumes verts ou secs, souvent une salade verte, un fromage, un dessert et/ou des fruits.

Mais quelquefois, il y a un (ou plusieurs) invité(s). Il est venu un peu plus tôt pour l'apéritif et il passera la soirée avec eux. Si c'est un Étranger qui, pour la première fois, "dîne en ville" ce sera pour lui une épreuve.

Après être entré, vous saluerez la maîtresse de maison. ...C'est ce que j'ai fait S'il y a d'autres invités, vous attendrez qu'on vous les présente, puis vous vous assiérez, sur l'invitation du maître ou de la maîtresse de maison. il n'y en avait pas, j'ai attendu...

Attendez que l'on vous propose ce qu'il y a à boire avant de choisir. On attend que tout le monde soit servi avant de boire. C'est à ce moment que peuvent être prononcées les formules habituelles. Jai hésité tout le monde a ris.
A TA SANTÉ!

En partant, saluez tout le monde, les dames d'abord puis la maîtresse de maison. Ce sera le moment de la remercier et de la complimenter pour son repas. //
Merci pour votre repas qui était: DÉLICIEUX.../ EXCELLENT.../TRÈS BON.../ EXQUIS...

A table !

la table est mise

S'il s'agit d'une invitation sans façons, "à la fortune du pot", la table est mise simplement : une seule assiette pour chaque convive, sauf s'il y a de la soupe, quatre couverts, un verre, une bouteille de vin, une carafe d'eau. C'est la maîtresse de maison et/ou le maître de maison qui apporte les plats et sert tout le monde ; le plus souvent, on se passera les plats autour de la table.

1 une fourchette ("de table")
2 une assiette "plate" et quelquefois pour la soupe une "creuse"
3 un couteau
4 une cuillère à soupe
5 une petite cuillère (ou cuillère à dessert)
6 un verre (ici "verre à pied").

Pour "un repas de réception" on aura mis — comme on dit — "les petits plats dans les grands" : on a sorti le plus beau linge de table (nappe et serviettes assorties) et le service en argent, les verres de cristal ; les assiettes sont changées après chaque plat.

Mais, dans les deux cas, il est prudent d'obéir à un code — non écrit — des "bonnes manières".

l'abc du "savoir se tenir à table"

Il vaut mieux :

— ramener la soupe vers soi avec la cuillère (sans jamais pencher l'assiette pour la finir) ;

— tenir le couteau dans la main droite pour couper la viande, et éviter de reprendre la fourchette dans cette main pour porter le morceau à sa bouche ;

— ne pas "saucer", c'est-à-dire essuyer la sauce avec un morceau de pain ;

— poser les mains (et non les coudes) sur le bord de la table ;

— rompre (casser) son morceau de pain ; ne pas le couper au couteau ; et si l'on vous offre de vous servir une deuxième fois, savoir répondre :

"Avec plaisir, s'il vous plaît !" qui veut dire, oui, ou "Merci !" qui — attention ! — veut dire "non"... (c'est-à-dire "c'était très bon, mais"...).

Mais ce ne sont là que des suggestions et pas... "les Tables de la Loi !"

vous n'étiez pas dans votre assiette

Le lendemain seulement j'ai pu lire ce papier que la maîtresse de maison m'avait glissé dans la main au moment où "j'ai pris congé". Pour le comprendre, j'ai dû, dès la première phrase, ouvrir mon dictionnaire.

"Vous n'aviez pas l'air dans votre assiette ! C'est peut-être de notre faute : nous aurions dû vous prévenir : vous n'avez pas l'habitude des mélanges ! Un apéritif et un vin, c'était déjà trop, nous n'aurions pas dû vous faire goûter à la mirabelle que nous rapportons de Lorraine : c'est de l'alcool très fin mais assez fort. Pardon !

Je n'avais rien fait de lourd pourtant, seulement ce que je leur sers le plus souvent : pour vous faire goûter le fameux bifteck-frites dont nous rêvons tous, les uns comme les autres, quand nous sommes à l'étranger un peu trop longtemps. Pas n'importe quel bifteck ! mon boucher me donne presque toujours ce que je lui demande : de préférence dans "la bavette" — c'est un morceau plat, qui a du goût. Et je le prépare spécialement pour chacun, cuit comme il ou elle l'aime... Et avec ma petite sauce à l'échalote, facile à digérer... C'est dommage : vous n'avez pas eu l'air d'apprécier.

Les frites non plus : elles étaient pourtant légères, pas grasses, croustillantes...

Bon... vous reviendrez !

Vous m'avez demandé la recette du "pain perdu", vous vous souvenez ? La voici, il n'y a rien de plus simple.

Couper les tranches de pain ou de brioche. Les tremper dans du lait sucré et dans trois œufs battus en omelette et sucrés. Faire dorer à la poêle dans du beurre chaud.

Attention : "battre" c'est remuer en tournant très fort avec une fourchette. "Battre en neige", par exemple, c'est battre des blancs d'œufs jusqu'à ce qu'ils deviennent blancs comme la neige. Je vous expliquerai la prochaine fois comment je fais mes "œufs à la neige". C'est un des desserts les plus courants en France, ça vous intéressera.

A bientôt ! Et la prochaine fois, ne partez pas avant le café !..."

A quoi jouent-ils ?

Les loisirs des Français

Qui peut dire à quoi ILS jouent, le soir après "le métro" et "le boulot", et avant "le dodo" ? A quoi ils passent leurs week-ends ? Combien, en fin de semaine, se lèvent plus tard que d'habitude, pour se reposer ou, plus tôt pour bricoler, jouer d'un instrument de musique, jardiner, se promener et voir ce qu'on joue au cinéma, lire le journal du dimanche, regarder la télévision, partir à la campagne ? Tout le monde ne répond pas aux enquêtes de la presse.

les jeux

Jeux de société ? Les uns vont jouer aux échecs avec un ami : on les voit dans les jardins publics et dans les coins tranquilles des cafés. Les autres préfèrent une partie de bridge ou de belote.

Jeux de hasard ? Beaucoup (4 millions au moins) prennent chaque semaine un billet, ou, le plus souvent, un dixième de la Loterie Nationale dans l'espoir de gagner le Gros Lot. Pour d'autres millions, peut-être les mêmes, le rêve est de gagner au Tiercé ou au Quarté : on les voit faire la queue devant les bureaux du P.M.U. (Paris Mutuel Urbain). D'autres préfèrent le Loto : c'est facile, c'est pas cher et ça peut rapporter gros !

Jeux ou sport ? Deux millions et demi de pêcheurs à la ligne, cinq millions de chasseurs, se prétendent "sportifs" quand la pêche et la chasse sont "ouvertes". Ne cherchent-ils pas surtout le plaisir de la solitude ou celui de la compagnie, et, surtout, celui que leur donne le "grand air" ? Le leur demander...

les sports

On en verra beaucoup qui restent spectateurs des "grandes rencontres sportives" : les courses automobiles du Rallye de Monte Carlo (en janvier), les 24 Heures du Mans (en mai), la Coupe de France et le Championnat de France de Football et de Rugby (en hiver et au printemps), le Tournoi de Rugby des Cinq Nations, les Internationaux de France de Tennis au Stade Roland-Garros (en juin), le Tour de France cycliste (en juillet).

Mais un bon nombre de ces "sportifs" se joignent à ceux qui, de plus en plus nombreux, pratiquent judo, gymnastique, boxe, basket-ball, rugby, handball, football, tennis, ski, vélo, natation, voile, équitation ou pétanque. Tout cela est occasion de s'amuser (le mot sport vient du vieux français *desport,* qui voulait dire "amusement") et de se retrouver entre amis (on parle d'une "partie de boules", d'une "partie de chasse"). ✉191 ☆206

"Bon ! Essayer d'être... de la partie !"

deux questions à leur poser

“Par rapport à votre vie professionnelle, pensez-vous que votre vie de loisirs a autant, plus, ou moins d’importance ?”

C’est une des questions qu’a posées un magazine, *l’Expansion*, à ses lecteurs. Il dit en avoir 1 600 000, qui appartiennent à la “classe moyenne”. Les réponses ont été nombreuses.

A cette première question, 63 lecteurs de *l’Expansion* sur 100 ont répondu : “autant”, 19 : “plus” et 18 : “moins”. Réponses qui, bien sûr, n’engagent que quelques catégories sociales. Mais pourquoi ne pas poser la même question à d’autres Français ? Les loisirs, c’est devenu tellement important pour tout le monde !

Autre question, autres réponses :

“En règle générale, quelles sont vos principales occupations le week-end ?”

(plusieurs réponses possibles, en %) :

Recevoir à la maison ou rendre visite à la famille ou à des amis	56
Faire la grasse matinée	50
Lire	43
Faire du sport	36
Flâner, me promener	30
Accomplir des tâches ménagères	29
Bricoler	27
Aller au cinéma	26
Regarder la télévision	24
Faire des achats	23
Jardiner	19
Visiter des musées ou des expositions	10
Aller au théâtre, au concert ou à d’autres spectacles	9

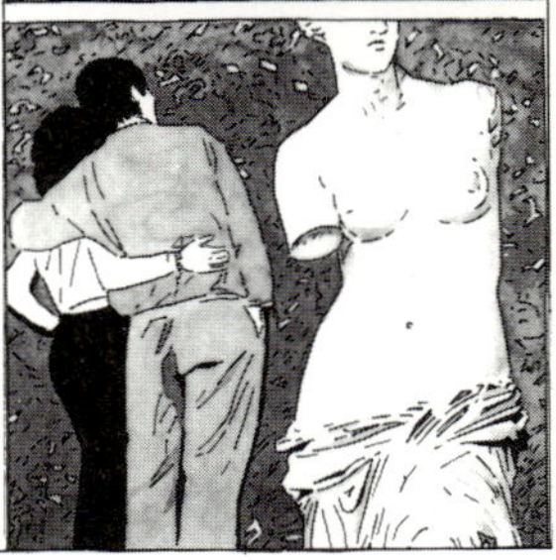

Résolution : continuer l’enquête en prenant tout son temps : ... à loisir !

UN SCANDALE

Nue est la vérité

Sur cinq mille tableaux présentés au jury du Salon de Paris de 1863, plus de la moitié n'avaient pas été acceptés. Mais le public avait quand même pu les juger dans un "Salon des Refusés" qui eut un grand succès de curiosité. Parmi ces œuvres *le Déjeuner sur l'Herbe* d'Édouard Manet provoqua un véritable scandale.

"Il y a là, écrivait alors Émile Zola, *quelques feuillages, quelques troncs d'arbres et au fond une rivière dans laquelle se baigne une femme en chemise. Sur le premier plan deux jeunes gens sont assis en face d'une seconde femme qui vient de sortir de l'eau et qui sèche sa peau nue au grand air."*

Il se moque des maîtres !

Il se moque des classiques, disait-on, en s'inspirant du *Concert Champêtre* du Titien, et du *Jugement de Pâris* de Raimondi d'après Raphaël. Manet avait simplement voulu montrer la vérité d'un nu, en se moquant un peu du public, il est vrai. Antonin Proust raconte que le sujet lui serait venu un jour au bord de la Seine, à Argenteuil, alors qu'il observait des baigneuses. "Manet avait l'œil fixé sur la chair des femmes qui sortaient de l'eau. Il paraît, me dit-il, qu'il faut que je fasse un nu. Eh bien, je vais leur en faire un, un nu."

Il se moque du public !

Il se moque de nous, disent encore les visiteurs du Salon des Refusés. Cette femme est une prostituée du Bois de Boulogne "aussi nue que possible, qui se prélasse effrontément entre deux gardiens habillés et cravatés le plus possible aussi. Ces deux personnages ont l'air de collégiens en vacances". On attendait une déesse...
Manet peint son modèle préféré : Victorine Meurent avec son frère et son beau-frère. Que le public les regarde, ils s'en moquent. On leur a demandé de venir poser, ils posent.

Il se moque de l'art !

"Jamais on n'a fait plus effroyablement grimacer les lignes et hurler les tons !" écrit l'un. "Est-ce là dessiner ? Est-ce là peindre" ? écrit l'autre.
Que répond Manet ? ce qu'il écrivait à un ami : "Il n'y a qu'une chose vraie. Faire du premier coup ce qu'on voit. Quand ça y est, ça y est. Quand ça n'y est pas, on recommence. Tout le reste est de la blague."

Et pourtant c'est la vérité !

C'est ce qu'il a réussi dans ce *Déjeuner sur l'Herbe* : "à nous faire voir et sentir", comme l'écrit Baudelaire, "combien nous sommes grands et poétiques avec nos cravates et nos souliers vernis". En 1863, nombreux étaient ceux qui — mis à part Zola, Baudelaire et quelques autres — "refusaient" de voir cette vérité.
Mais aujourd'hui le tableau est au Louvre.

Manet

Au théâtre

Il en est un peu du théâtre comme de la politique : il a une gauche, une droite et un centre.

Son aile progressiste, c'est le "théâtre d'avant-garde" qui pose la recherche comme un principe. C'est ainsi que dans les années 70 on a parlé d'un "Théâtre Nouveau", succédant à un théâtre psychologique, centré sur les "caractères" et les "passions". Ce théâtre nouveau, niant l'existence même du "personnage" traditionnel, s'intéresse essentiellement au langage, comme celui d'Eugène Ionesco, par exemple, dans la *Cantatrice Chauve.* Mais, après quelques années, toute avant-garde est dépassée et devient classique...

Le théâtre classique, c'est l'aile conservatrice. Son temple est la Comédie Française, vieille de 300 ans, la "Maison de Molière". Molière lui-même, au XVIIe siècle, a été discuté, combattu pour son audace novatrice. Il est devenu "un classique" ; de même Beaumarchais au XVIIIe ; Victor Hugo au XIXe et, à son tour, Ionesco au XXe. Mais il est toujours possible de renouveler, de dépoussiérer les classiques par une nouvelle interprétation, une nouvelle mise en scène ou, comme on dit, une "nouvelle lecture". Chaque nouvel Administrateur du "Français" a ses idées sur un nouvel *Avare,* un nouveau *Figaro,* un nouvel *Hernani.*

Le "centre", c'est, en France, un théâtre bourgeois, un théâtre de distraction, qu'on appelle le Théâtre du Boulevard. Il a depuis plusieurs générations, ses recettes. Le décor, c'est le plus souvent une garçonnière : elle est à la comédie ce que la salle du palais est à la comédie classique ; ce peut être aussi un salon ou le "living" de la résidence secondaire. Les personnages ? Monsieur est dans les affaires, Madame court les magasins, les enfants préparent leur bac ; les gens du peuple sont inoffensifs. L'intrigue se développe à partir du moment où l'ordre et le confort sont mis en péril : la fortune est menacée, les enfants se révoltent, l'équilibre du couple est compromis. Comme l'écrit le critique Bertrand Poirot-Delpech : "chaque fois le pire est évité, le danger conjuré. "C'est bête, mais ça change les idées !" entend on dire à la sortie... Tel est le credo de la majorité silencieuse".

Avant de "sortir-ce-soir" il faut se renseigner et choisir.

Le théâtre d'avant-garde n'est pas toujours drôle mais il fait penser. Les classiques rassurent et cultivent. Le Boulevard n'est pas si bête ; il a ses grands maîtres, lui aussi, comme Anouilh, qui peignent avec talent "le rose" et "le noir" d'une société ; et au moins il fait rire.

⊠ 187 ☆ 207

J'ai rêvé que le texte de Colette (page 69) sur Saint-Tropez était transposé dans un reportage télévisé sur l'écrivain

La scène se passe dans l'appartement de l'écrivain, dont une fenêtre donne sur les jardins du Palais-Royal à Paris, le journaliste Sainval cherche à obtenir d'elle quelques souvenirs.

— Madame, je vous en prie, parlez-moi de Saint-Tropez quand vous y habitiez... Je me rappelle "La Naissance du Jour" où vous opposiez la vraie Provence à la Provence des touristes... vous avez repris ce thème, n'est-ce pas, dans "Prisons et Paradis" ?

— Oui, en 1928, j'habitais "la Treille Muscate" et je me demandais si elle ne serait pas ma dernière maison...

Sainval va vers la fenêtre et cherche le meilleur angle pour prendre un gros-plan de la romancière qui s'est mise à rêver. Il reprend :

— Parlez-moi de Saint-Tropez...

— Saint-Tropez ? Deux cents autos de marque à partir de cinq heures en travers du port... Je connais l'autre Saint-Tropez. Il existe encore. Il existera toujours pour ceux qui se lèvent avant l'aube.

Quarante à l'écran

Mon Académie imaginaire du cinéma ? des comédiens et comédiennes surtout, et quelques réalisateurs ; ceux que je crois importants ; dans l'ordre alphabétique. Leur nom, leur année de naissance, un film.

- Isabelle Adjani, 55. *Histoire d'Adèle H (75)* de Truffaut. Ex-ingénue, la plus passionnée, jusqu'à l'excès.

- Fanny Ardant, 50. *La Femme d'à-côté (81)* de Truffaut. Lancée par la TV et Truffaut. Grande femme. Grande actrice ?

- Brigitte Bardot, 34. *Le Mépris (63)*/Godard. *LA* star des années 50 et 60, devenue protectrice des animaux.

- Marie-Christine Barrault, 44. *Cousin Cousine (75)* de Tacchela. Un beau sourire.

- Nathalie Baye, 51. *Une semaine de vacances (80)* de Tavernier. Jeu sobre, nuancé. Sait aussi bien sourire que pleurer.

- Jean-Paul Belmondo, 33. *L'As des As (82)* de G. Oury. Acrobate musclé et souriant : très bien, mais "aurait pu mieux faire".

- Bertrand Blier, 39. *Les Valseuses (74)* Depardieu-Dewaere. Des films grinçants, aux gestes et dialogues d'une grande crudité.

- Claude Brasseur, 36. *La guerre des polices (79)* de R. Davis. Flic bagarreur au cœur tendre ? pas seulement

- Jean-Claude Brialy, 33. *La Nuit de Varennes (82)* de Visconti. Depuis 30 ans, des dizaines de "seconds rôles" très fignolés.

- Jean Carmet, 21. *Violette Nozières (78)* de Chabrol. N'a percé qu'à la cinquantaine. Type de Français moyen. (?)

- Costa Gavras, 33. *Z (69)*/Yves Montand. Le dénonciateur des dictatures et des procès truqués.

- Alain Delon, 35. *Le Samouraï (67)* J.-P. Melville. Le plus "beau". Poursuivant ou poursuivi. Flic ou voyou ?

- Catherine Deneuve, 43. *Belle de Jour (67)* Bunuel. Belle ! Froide ? Du feu sous la cendre...

- Gérard Depardieu, 48. *Le dernier métro (80)* Truffaut, un physique de boxeur, beaucoup de sensibilité.

- Nicole Garcia, 48. *Les uns et les autres (80)* Lelouch. En demi-teintes, préfère la qualité à la quantité.

- Michel Galabru, 24. *Le Juge et l'Assassin (76)* Tavernier. Trop longtemps "gros comique", est encore meilleur dans le drame.

- Jean-Luc Godard, 30. *A bout de souffle (59)* Belmondo. Dès ses débuts le plus admiré, et le plus critiqué.

■ Isabelle Huppert, 55. *La Dentellière (76)* Goretta. Travaille à retrouver le charme de ses premiers rôles.

■ Diane Kurys, 48. *Coup de Foudre (82)* Huppert, Miou-Miou. Féministe talentueuse traitant des problèmes de femmes.

■ Victor Lanoux, 36. *Un éléphant ça trompe énormément (75)* Ertaud. Un grand gaillard qu'on aimerait avoir comme copain.

■ Philippe Léotard, 40. *Le juge Fayard dit le Schérif (76)* Boisset. Un visage battu, une grande fougue maîtrisée.

■ Claude Lelouch, 37. *Un homme et une femme (66)* Trintignant/Anouk Aimé. Accusé de conformisme mais, comme il sait bien raconter.

■ Miou-Miou, 50. *Elle court, elle court, la banlieue (72)* G. Pirès. Un visage de "titi" parisien. L'anti-star.

■ Yves Montand, 21. *Le Salaire de la Peur (52)* Clouzot. Rêvé depuis 30 ans comme l'amant, l'ami, le mari idéals.

■ Jeanne Moreau, 28. *Les Amants (58)* Malle. Une grande étoile qui pâlit.

■ Marie-José Nat, 40. *Elise ou la Vraie Vie (70)* M. Drach. Naguère jeune première, sait mûrir avec grâce.

■ Philippe Noiret, 31. *L'Horloger de Saint-Paul (73)* Tavernier. Solide. Un détachement apparent, mais de la "classe".

■ Michel Piccoli, 25. *Les Choses de la Vie (69)* Sautet. Beaucoup d'intelligence, d'humour, de charme, de simplicité.

■ Michel Serrault, 28. *Garde à vue (81)* Claude Miller. Beaucoup d'humour et une maîtrise qui peut atteindre la perfection.

■ Yves Robert, 20. *Le grand blond avec une chaussure noire (72)* Tavernier. Chaleureux, humain. Un cinéaste rétro, moraliste et satirique.

■ Claude Sautet, 24. *Max et les ferrailleurs (70)* Piccoli/Schneider. Bon spécialiste des "problèmes de la quarantaine"...

■ Simone Signoret, 21. *Le chat (71)* Granier-Deferre. Depuis *Casque d'Or (51)* jamais de mauvaise critique.

■ Alain Resnais, 22. *Hiroshima mon amour (59)* E. Riva Okada. L'un des plus grands, quand le script est bon.

■ Bertrand Tavernier, 41. *Que la fête commence (75)* Noiret. Généreux, efficace, engagé.

■ Jean-Louis Trintignant, 30. *Le Train (73)* Granier-Deferre. Nerveux, intelligent, nuancé, depuis 30 ans.

■ François Truffaut. *Jules et Jim (61)* Jeanne Moreau. Beaucoup de fraîcheur, de gentillesse, de sensibilité.

■ Roger Vadim, 28. *Et Dieu créa la femme (56)* B.B. Le découvreur (sic) de B.B., de Catherine Deneuve.

■ Lino Ventura, 19. *Touchez pas au Grisbi (54)* Boeker. Champion de lutte au cœur tendre, un autre Gabin ?

Au programme...

de télévision, de radio...

Questions à poser aux Français :

Sur le monopole. La télévision en France est sous la protection d'une Haute Autorité de la Communication Audio-Visuelle. Etes-vous satisfaits ? La liberté d'expression est-elle en général protégée ? Souhaitez-vous que tout l'audiovisuel soit tout à fait indépendant du pouvoir politique ? Est-ce possible ?

Sur la 4e chaîne. Le service public offre trois chaînes qui ne sont disponibles, le plus souvent, que de midi à minuit : Télévision française nº 1 (TF1), Antenne 2 (A2) et France-Régions (FR3) — celle-ci a des émissions régionales. Que pensez-vous de la Quatrième ?

Sur la qualité de la télé. Seraient-ils prêts à payer une redevance plus forte qu'actuellement, à condition d'avoir "une meilleure télé" ? D'ailleurs quels reproches lui font-ils ? Trop d'émissions politiques ou pas assez ? Des horaires trop tardifs pour des "émissions intéressantes ?" Qu'est-ce qui intéresse celui-ci ou celle-là ? Le feuilleton ? Le journal télévisé ? Et un assez large choix est-il offert ?

Sur la concurrence à la radio. L'exemple de la radio (pour laquelle ils paient aussi une redevance) leur paraît-il bon ? Car non seulement elle fonctionne 24 heures sur 24 ou presque, mais une certaine concurrence y est établie. Entre l'État — par l'intermédiaire de Radio-France qui contrôle France-Inter, France-Culture, France-Musique — et Europe nº 1 et Radio Télévision Luxembourg (RTL)qui vivent des bénéfices de la publicité ? Les radios locales privées dites "radio-libres" leur paraissent-elles aider à résoudre ce problème ?

Pourquoi ? pour qui ? quand ? lesquelles ?... Radio-Afrique ? Radio-Verte ? Radio-Rencontre ?

Sur l'avenir des médias. Etes-vous optimistes ou pessimistes ? Croyez-vous que les développements de l'informatique et de la télématique risquent d'être avantageux pour tous ou dangereux ?

Sur leur "appétit" actuel. S'ils sont parmi ces 95 % de Français qui ont au moins un poste de radio et au moins un poste de télévision, sont-ils au-dessus ou au-dessous de la moyenne (16 à 17 heures par semaine d'écoute) ? Sont-ils dans cette moitié de Français qui chaque matin entre 7 h et 8 h écoutent la radio ? Sont-ils parmi ces 30 millions de téléspectateurs qui forment l'audience quotidienne de la télé ? Parmi ces 80 % qui éteignent leur poste vers 22 heures ?...

⊠ 189

Sur TF1

1/ ***20 h*** JOURNAL

2/ ***20 h 35*** Quand la panthère rose s'en mêle, *Film américain de Blake Edwards, en version française.*

3/ ***22 h 15*** A Bible ouverte. *Émission du rabbin Josy Eisenberg. Avec Elie Wiesel. Le livre de Job*[13].

4/ ***22 h 30*** JOURNAL

5/ ***22 h 55*** Grand Prix de formule 1 de la côte ouest. *En direct de Long Beach (États-Unis). Commentaires : Bernard Giroux et José Rosinski.*

Sur l'A2

6/ ***20 h*** JOURNAL

7/ ***20 h 35*** Super Platine 45 *Émission de Patrick Leguen et Catherine Puech. Présentation : Jacky. Réalisation Patrick Leguen ("Un mélange de vidéos maison et de vidéos promotion. Styles d'images et de chansons très différents. Il devrait y en avoir pour beaucoup de goûts").*

8/ ***21 h 40*** Aux arts ! Citoyens, *magazine de l'actualité artistique préparé par Jim Palette et Remi Deroche. Réalisation Don Ken.*

9/ ***23 h 15*** JOURNAL et fin.

Sur FR3

10/ ***20 h*** Merci, Bernard. *Magazine d'humour "libre". Musique : Groupe Procédé Guimar-Delaunay. Réalisation : J.L. Fournier.*

11/ ***20 h 30*** Stella et les chimpanzés. *Documentaire. Commentaire dit par Catherine Salviat et Pierre Vaneck. Réalisation : Van Hugo Lawiez.*

12/ ***21 h 20*** Courts métrages.

13/ ***0 h 15*** Prélude à la nuit et fin : *"La Notte" de Vivaldi.*

Que pensez-vous qu'ILS vont choisir ?
Par exemple, pensez à Madame X, 70 ans, qui aime les questions religieuses, l'actualité, plutôt sur l'A2, et les films français.

Lire l'imprimé

la presse

C'est l'ensemble des journaux —quotidiens ou périodiques (hebdomadaires et mensuels surtout)— qui donnent des informations écrites. On les achète dans les Maisons de la Presse, ou les Kiosques. On peut aussi les recevoir à domicile si l'on est abonné.

20 millions de Français environ lisent au moins un quotidien régional, 5 millions lisent au moins un quotidien national (c'est-à-dire, en fait, parisien).

Pour ne s'occuper que des chiffres de diffusion :

Les principaux quotidiens régionaux sont *Ouest-France* (Rennes), *Le Progrès* (Lyon), *La Voix du Nord* (Lille), *Sud-Ouest* (Bordeaux), *Le Dauphiné Libéré* (Grenoble).

Les principaux quotidiens de Paris sont *France-Soir, Le Monde, Le Parisien, Le Figaro.*

Si l'on se réfère à leur influence : *Libération, Le Matin, le Quotidien de Paris.*

90 % des Français lisent au moins un périodique. C'est souvent un hebdomadaire d'actualité générale comme *Paris-Match, l'Express, Le Point* ou *Le Nouvel Observateur.* Mais ce peut être aussi un magazine plus spécialement féminin comme *Femmes d'aujourd'hui, Mode de Paris, Marie-France, Marie-Claire, Elle* ou encore des publications destinées à la famille, aux jeunes, aux sportifs, aux consommateurs, etc.

Hors catégorie : *Le Canard Enchaîné.*

✉ 189

le livre

Pour ne parler que des livres les plus nombreux dans les librairies et les bibliothèques publiques, ils sont le plus souvent non pas reliés mais brochés et les collections de poche à bon marché sont très riches en titres classiques et modernes. Les livres d'occasion, bien sûr, sont encore moins chers.

Les Français lisent de plus en plus. Le nombre de livres publiés a doublé en vingt ans. Sur 10 Français, 4, pourtant, ne lisent aucun livre. Sur les 6 autres, 2 ne lisent qu'un à cinq livres par an, 2 de six à dix, et 2 plus de vingt livres. Ce sont les lecteurs moyens ou faibles qui se sont multipliés, surtout parmi les femmes. Les jeunes sont le plus souvent de grands lecteurs.

Les livres les plus lus sont, dans l'ordre : a) les romans, b) des récits historiques, des biographies, des mémoires, des souvenirs ou, à égalité, des romans policiers ou d'espionnage, c) des bandes dessinées (BD) ou de la science-fiction (SF).

Du rêve à la réalité

ÉCOSSE-

Bravo pour le grand chelem écossais, mille fois mérité. Mais un lourd malaise est passé sur Murrayfield, où le quinze de France s'est heurté à une vague d'hostilité et à un arbitrage indigne de l'événement.

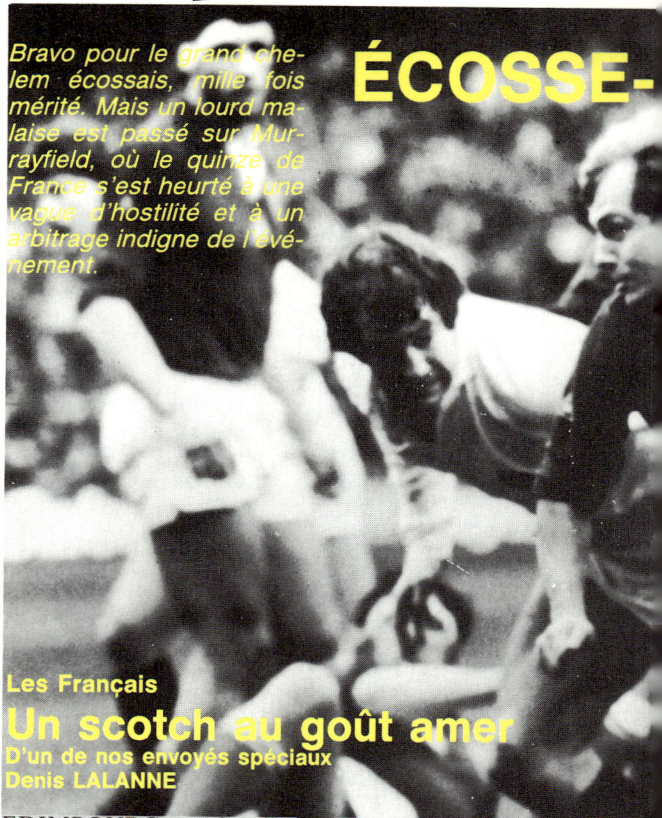

Les Français

Un scotch au goût amer

D'un de nos envoyés spéciaux
Denis LALANNE

EDIMBOURG. — On dira ce qu'on voudra, les Français en rugby sont quand même en gros progrès de sang-froid. Ah ! s'ils avaient les mêmes aux affaires !

Jean-Pierre Rives a fait un match transcendant, spécialement en défense, tout à fait le match de quelqu'un qui voulait s'en aller par la grande porte. L'équipe de Jean-Pierre Rives a joué une première mi-temps fabuleuse, à notre sens le plus grand morceau de rugby à ce jour interprété par une formation française dans l'ordre du rythme et du caractère. Jérôme Gallion, quant à lui, a joué le match parfait, le match de « Superman » à la mêlée, un match qui fait honte à tous les discours qu'on nous a tenus pendant deux ans pour nous représenter que Tartempion ou Untel avaient ceci ou cela de mieux que lui. Et puis le destin a décidé pour lui et pour eux, lorsqu'à la minute fatale, la cinquante-neuvième, on amena la civière pour notre irremplaçable nº 9. Le destin, dis-je, pour le cas où un arbitrage nauséabond et un océan d'hostilité n'auraient point suffi à abattre cette équipe emballante, dont la contribution au succès du rugby est énorme et dont le seul tort fut de ne point saisir, en première mi-temps au moins, deux occasions d'essais qui s'offrirent sur l'aile de Bégu.

RANCE : 21-12

Les Écossais

Telfer : « La fête d'un pays »

D'un de nos envoyés spéciaux
Francis DELTERAL

EDIMBOURG. — A 16 h 25 en ce samedi 17 mars 1984, l'Écosse remportait le deuxième grand chelem de son histoire. Cinquante-neuf ans après le premier.

« Il est évident que la première demi-heure de la partie fut très éprouvante pour nous, fit remarquer tout d'abord Jim Telfer (l'entraîneur). Je n'attendais pas le pack français aussi bon en mêlée. L'affrontement a été sérieux. Et il a fallu que mes joueurs fassent des prodiges pour tenir la route. Je n'ai pas pour habitude de dresser plus particulièrement des éloges à un joueur. Mais je dois dire que, aujourd'hui, notre pilier Milne a beaucoup contribué à notre victoire.

Indiscutablement ce match fut le plus dur du Tournoi. Nous avons souffert quelquefois en mêlée, nous n'avons pas toujours été à l'aise dans les regroupements. Les placages ont été appuyés. Milne, qu'il m'est arrivé de critiquer par le passé, et Leslie ont eu un rôle essentiel.

Il y a aussi un autre aspect du match qu'il ne faut pas ignorer : les Français en seconde période ont manqué de discipline. De ce fait, ils ont perdu le contrôle de la partie. Ils ont concédé des points faciles et ils nous ont permis de prendre la direction du jeu.

Leurs problèmes...

Ce n'est pas parce qu'on est étranger, qu'on se désintéresse des difficultés des Français, n'est-ce pas. Liberté ? Égalité ? Fraternité ? On peut discuter !

travail, vacances, chômage

Leur semaine de travail est de 39 heures et ils ont droit à 5 semaines de congés payés, mais à peine plus de la moitié partent en vacances. Pourquoi ?

De même, on compte de moins en moins d'agriculteurs (10 %), de plus en plus d'employés de toutes sortes (50 %). Le nombre d'ouvriers, certes, reste constant. Mais cette évolution donne à réfléchir. "Liberté du travail" peut-être, pourtant le chômage ne diminue guère !

riches-pauvres, hommes-femmes

On entend aussi beaucoup parler d'égalité. Mais la France n'est pas devenue, comme beaucoup le disent, un pays de "classe moyenne". Non ! les extrêmes dominent. Plus de 40 % des ménages français, c'est incontestable, vivent avec un revenu égal à deux fois le SMIC. Et le quart de la richesse nationale est scandaleusement entre les mains d'1% des plus riches.

Des lois nouvelles, c'est vrai, soutiennent les droits des femmes, mais on peut regretter qu'elles ne comptent encore que pour 40 à 45 % dans la population active, et qu'à travail égal, l'écart des salaires moyens entre homme et femme soit de 30 à 40 % ?

Égalité ? A d'autres !

jeunes, vieux, immigrés

Sur près de 55 millions de Français, 30 % ont moins de 20 ans et les "vieux", 65 ans et plus, sont de plus en plus nombreux et coûteux pour la société qui les met en retraite anticipée. Ce qui affaiblit encore la famille : le nombre des mariages diminue, celui des divorces augmente (un mariage sur 5 maintenant).

Quant à la fraternité avec les étrangers immigrés vivant et travaillant en France — ils sont plus de 4 millions — elle est loin d'être exemplaire. Il faut préciser : les étrangers sont surtout Portugais et Algériens, puis viennent Italiens, Espagnols et Marocains. Ils sont plus nombreux dans la région parisienne et la Provence. Il faut regarder les choses de plus près et se garder des jugements "tout faits".

les Français vus par...

...Un Allemand — “Moi, je vais vous dire ; quand je pense à la France, je pense à une famille heureuse le dimanche : gâteaux, champagne... On a un toit sur la tête, un toit solide. La vieille maison France a résisté aux siècles...”

...Un Anglais — “Et ils parlent, ils parlent. Étonnant, tout ce qu’ils ont à se dire ! C’est sans doute vrai. Mais attention : de quoi parlent-ils ? Ils parlent d’eux-mêmes ! Ils croient qu’ils sont encore une grande nation, ce qu’ils ne sont plus du tout, pas plus que nous.”

...Un autre Allemand — “Mais je ne vais pas chercher si loin. La France, pour moi, c’est un pays où l’on sait bien vivre et bien manger, un point c’est tout.”

...Un autre Anglais — “Je vous l’accorde : un pays très civilisé ! Les sauces sont bonnes, les vins magnifiques. Les femmes élégantes, mais les hommes n’ont pas d’humour.”

...Un Espagnol — “Allons donc ! En tout cas, tout le monde a de l’esprit, y compris les enfants.

L’Anglais — “C’est possible... Pourtant, tout en étant une race d’esprit, ils sont bien trop matérialistes. Ils adorent l’argent, jusqu’à donner l’impression qu’ils n’aiment que ça.”

...L’Italien — “D’un autre côté... Quand nous regardons la France, c’est comme si nous nous regardions.”

Quand la France change...

...de majorité politique

"On sait qu'il y a en France", comme dans toute démocratie bipolaire, observe un sociologue parlant de politique(1), "un électorat de droite, qu'il y a un électorat de gauche, que chacun d'eux fait à peu près 45 %, qu'ils sont relativement fidèles à leurs idées, à leurs doctrines et à leurs choix (...)".

"Ce qui est plus intéressant peut-être pour le sociologue de la météorologie sociale que je suis, c'est les 10 % qui restent, c'est-à-dire ces gens qui n'ont pas beaucoup de doctrines, qui n'ont pas beaucoup de choix prédéterminés, qui ne sont pas très fidèles et qui, en fait, suivant les années, font un choix que je qualifierai de sociologique plutôt que de politique." Ces 10 %, "font la décision". Ils votent "pour un style, pour un ton, pour un homme qui correspond à l'idée qu'ils se font de la société française qu'ils souhaitent et de leur propre mode de vie".

C'est ainsi qu'ont été successivement élus M. Giscard d'Estaing — "le ton de la gestion, le ton des chiffres, le ton du calcul, le ton de l'économie" — et M. Mitterrand — "le ton moral, humaniste, je dirai affectif".

...de majorité sociale

Un second, politologue respecté, s'intéressant à la sociologie(2), écrit : "Derrière l'écran des luttes partisanes redoublées, derrière les antagonismes de classes, de castes et de corporations, un consensus de fond progresse dans les consciences (...) et l'emporte dans toutes les familles politiques, toutes les catégories sociales et même toutes les classes d'âge".

Après avoir souligné que "l'État-nation se porte bien", que "les Français se montrent citoyens plus mûrs et démocrates qu'auparavant", il insiste sur ceci : "Les Français se proclament massivement attachés à chacun de leurs droits : Sécurité Sociale (97 %), libre choix du lieu de travail et liberté d'entreprise (96 %), droit de vote (95 %), libre choix scolaire (93 %), droit de grève (75 %), liberté syndicale (70 %)".

Tous deux seraient d'accord pour dire que, s'il y a "une France Moyenne" — tantôt majoritaire, tantôt minoritaire —, personne n'a encore rencontré de "Français moyen".

(1) Raymond CATHELAT, Directeur du Centre de Communication Avancée au début d'une émission de TF1 le 30 juin 1981.
(2) Alain DUHAMEL, dans *le Monde* du 8 mai 1983, à propos des résultats d'une enquête publiée dans l'*Expansion* du 6.

Le monde change de peau

ans la nuit les oiseaux perdent leurs plumes
u clair de la lune les avions s'allument
ur prairies, sur forêts, sur coccinelles
oussent les cancers cruels
a ville est nouvelle, elle est nouvelle.

e monde change de peau
era-t-il laid ou bien beau
ouvert de couleur peinture
u bien vert nature
e monde change de peau
oudoudou et berlingot
era-t-il doux et sucré
omme la liberté.

ui joue quand les enfants s'amusent
 mettre des pierres, des méduses sous leurs pieds.

ans les journaux et sur les ondes
n sent qu'un monde vient au monde
lais qu'il soit laid ou qu'il soit beau
e monde change de peau
e monde change de peau.

ù sont-ils les p'tits jardins bucoliques
'tite place de la République
vec son Kiosque à musique
ous-Préfet, sous-préfète et jour de fête
axophone et clarinette
a sent l'anisette.

e monde change de peau
era-t-il laid ou bien beau
ouvert de couleur peinture
u bien vert nature
e monde change de peau
oudoudou et berlingot
era-t-il doux et sucré
omme la liberté.

ui s'est cachée dans du ciment
ntre toi et le cœur de gens fatigués
omment s'appelle ce nouveau-né
orti de ce ventre étonné
lais qu'il soit laid ou qu'il soit beau
e monde change de peau.

e monde change de peau
oudoudou et berlingots
era-t-il doux et sucré
omme la liberté
ui s'est cachée dans du ciment.

Paroles de Alain Souchon
Musique de Michel Jonasz

Album

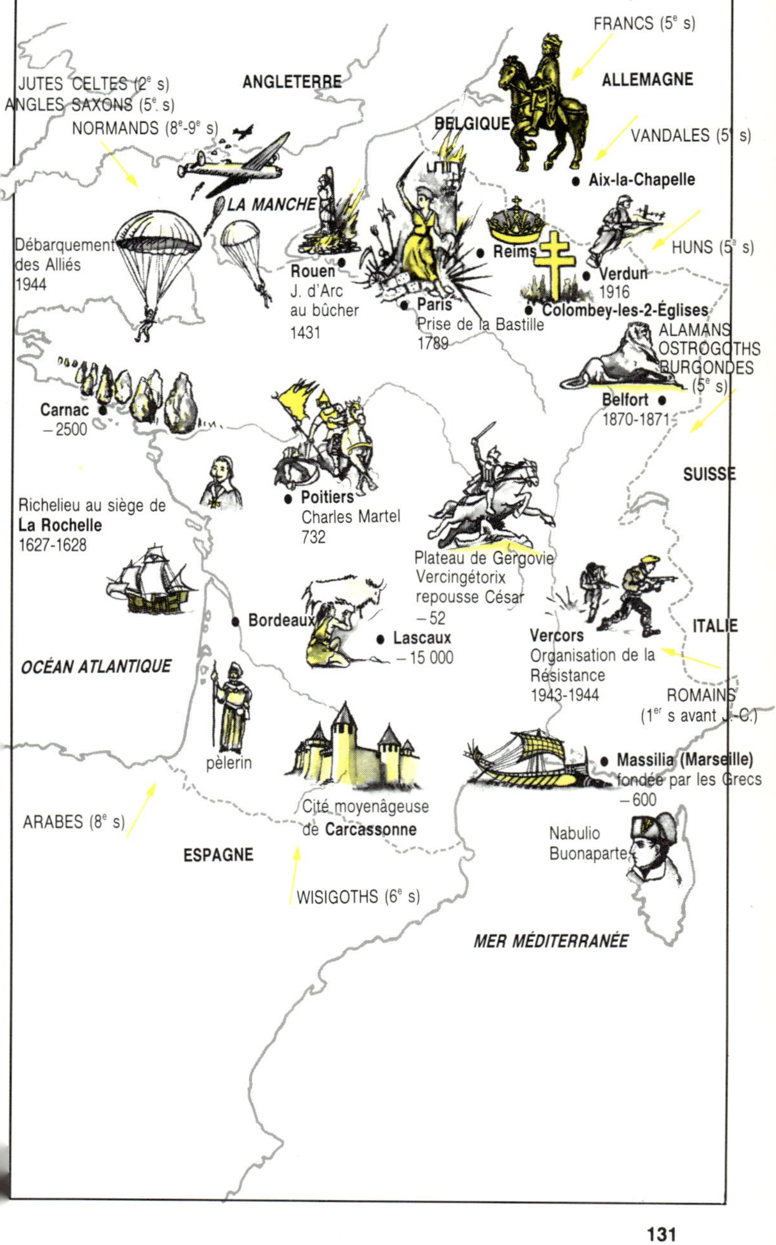

FRANCS (5e s)
JUTES CELTES (2e s)
ANGLES SAXONS (5e s)
NORMANDS (8e-9e s)
ANGLETERRE
ALLEMAGNE
BELGIQUE
VANDALES (5e s)
Aix-la-Chapelle
LA MANCHE
Débarquement des Alliés 1944
Rouen J. d'Arc au bûcher 1431
Paris Prise de la Bastille 1789
Reims
HUNS (5e s)
Verdun 1916
Colombey-les-2-Églises
ALAMANS OSTROGOTHS BURGONDES (5e s)
Carnac –2500
Belfort 1870-1871
SUISSE
Richelieu au siège de La Rochelle 1627-1628
Poitiers Charles Martel 732
Plateau de Gergovie Vercingétorix repousse César –52
Bordeaux
Lascaux –15 000
Vercors Organisation de la Résistance 1943-1944
ITALIE
OCÉAN ATLANTIQUE
ROMAINS (1er s avant J.-C.)
pèlerin
Massilia (Marseille) fondée par les Grecs –600
Cité moyenâgeuse de Carcassonne
ARABES (8e s)
ESPAGNE
Nabulio Buonaparte
WISIGOTHS (6e s)
MER MÉDITERRANÉE

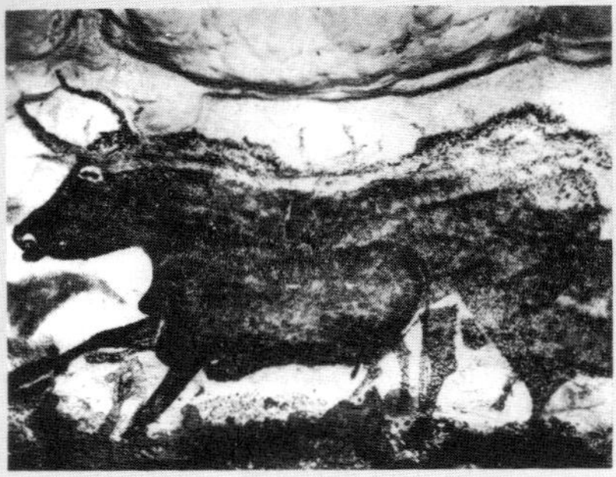

-15 000 Gravures et peintures sur les parois de la grotte de Lascaux, commune de Montignac dans le département de la Dordogne.
Voir la région des Eyzies et le Musée de la Préhistoire.

-2 500 Alignements de grandes pierres dressées (ou « menhirs »), à Carnac, commune du Morbihan, sur la baie de Quiberon.
On ne peut pas ne pas penser à Obélix !

-600 Restes de la ville grecque fondée par les Phocéens, près de l'actuel vieux port de Marseille.
La ville de l'époque s'appelait Massilia ou Massalia.

L'histoire de la France commence avec les Celtes, qui s'installent en Gaule, de 1 500 à 500, entre Rhin et Pyrénées. Beaucoup plus vaste que la France d'aujourd'hui, c'était un pays divisé entre tribus ennemies. Après avoir été conquise par César, au premier siècle avant Jésus-Christ, elle forme, pendant cinq siècles, une partie de l'Empire Romain. Elle est envahie, au 5e siècle, par les Vandales, les Huns, les Francs. Ces derniers se rendent maîtres d'une grande partie de la Gaule, mais, à la mort de Clovis, le royaume est à nouveau morcelé.

-52 Plateau de Gergovie, d'où Vercingétorix a repoussé César, à 12 km au sud de Clermont-Ferrand (Puy-de-Dôme).
Le plus grand de « nos ancêtres, les Gaulois »...

451 Les Huns d'Attila sont battus aux « Champs Catalauniques », à l'ouest de Troyes, dans la grande plaine champenoise. Non loin de là, les militaires utilisent aujourd'hui le camp d'entraînement de Mailly.

496 Clovis Ier, roi des Francs, est baptisé par Saint Rémi, dans la cathédrale de Reims (Marne), où presque tous les autres rois de France ont été ensuite sacrés.

Vers 3 000 avant Jésus-Christ, la Crète, Troie ont déjà une histoire, l'Égypte a ses Pharaons. Vers 1 500, la Chine a ses premiers Empereurs. C'est à peu près l'époque d'Abraham. Carthage est fondée par les Phéniciens vers 825. De 753 à 510 Rome connaît sept rois légendaires. En Grèce c'est l'époque de Périclès, Socrate, Platon ; en Inde, de Bouddha ; en Chine de Confucius. Le premier millénaire après Jésus-Christ voit en Occident « la Paix Romaine », en même temps qu'en Extrême-Orient la Paix Chinoise, toutes deux compromises par de grandes invasions.

732 Charles Martel arrête l'invasion arabe, près de Poitiers (Vienne).
Visite obligatoire de Poitiers, ville d'art.

800 Charles Ier le Grand, ou Charlemagne, Empereur d'Occident, est couronné à Rome.
Aix-la-Chapelle, aujourd'hui Aachen, était sa capitale.

1066 Guillaume, Duc de Normandie, conquiert l'Angleterre. Parti de Dives-sur-Mer (Calvados), il débarque à Hastings (G.B.).
Double visite conseillée, sans parler de Bayeux.

Sous les « Rois Fainéants », la Royauté s'affaiblit : le pouvoir appartient à des majordomes appelés « Maires du Palais », notamment Charles Martel. Son petit-fils Charlemagne devient le chef temporel de la Chrétienté. L'Empire est bientôt démembré par le Traité de Verdun, en 843, qui donne pour limites orientales à la Gaule : la Meuse, la Saône et le Rhône.
Pendant plusieurs siècles le territoire est divisé en petites seigneuries : c'est l'époque de la « Féodalité ».
Les Rois de France agrandissent progressivement leur petit domaine d'Ile-de-France, en luttant surtout contre les Anglais, tout au long d'une « Guerre de Cent Ans » qui ne s'achève qu'au milieu du XVe siècle.

1431 Jeanne d'Arc, condamnée comme sorcière, est brûlée vive à Rouen (Seine-Maritime), sur la Place du Vieux-Marché. Suivre sa trace : Domrémy, Orléans, Chinon, Patay, Reims...

1515 François Ier remporte une grande victoire à Marignan, en italien Melegnano, au sud-est de Milan. Il y est armé Chevalier par Bayard le « preux sans peur et sans reproche ».

1608 Dans Paris en paix, où il fait son entrée en 1594, Henri IV construit le Pont-Neuf, aujourd'hui le plus vieux pont de Paris, dominé par sa statue.

Au VIIe siècle : conquêtes de Mahomet. Au VIIIe : conquêtes islamiques en Orient et en Occident. Au Xe : naissance du Saint Empire Romain Germanique. Aux XIe et XIIe : Croisades chrétiennes pour délivrer Jérusalem. Aux XIVe et XVe : apogée des civilisations des Incas et des Aztèques ; conquêtes de Tamerlan en Asie. Fin du XVe, début du XVIe : découvertes de Christophe Colomb et de Magellan. 1453 : prise de Constantinople par les Turcs. XVIe siècle : Empire de Charles-Quint, puis de Philippe II. 1603 : mort d'Elizabeth d'Angleterre. 1620 : arrivée des Pères Pélerins en Amérique du Nord.

1627-1628 Louis XIII et Richelieu, au siège de La Rochelle (Charente-Maritime), place-forte des Protestants, alliés des Anglais. C'est de ce port que sont partis les fondateurs de Montréal.

1759 Le Marquis de Montcalm, Commandant des troupes de la Nouvelle-France, est tué en défendant Québec... qui, en 1763, passe aux Anglais avec l'ensemble du Canada français.

1789 Le 14 juillet, le peuple de Paris prend la Bastille, symbole de l'absolutisme royal. Elle est détruite peu après. Ce jour n'est devenu Fête Nationale qu'à partir de 1880.

L'œuvre de Louis XI, de François Ier et de Henri IV est continuée aux XVIIe et XVIIIe siècles par Louis XIII, qui conquiert l'Alsace, alors territoire du Saint Empire, le Roussillon et l'Artois, provinces espagnoles, et crée un premier Empire colonial (perdu en 1763) ; puis par Louis XIV, qui conquiert la Flandre, la Franche-Comté ; enfin par Louis XV, qui acquiert la Lorraine et la Corse. En 1789 la France est devenue l'état le plus peuplé d'Europe après la Russie. Napoléon Ier l'étend encore pendant quelques années. Après lui les frontières restent inchangées jusqu'en 1871, quand la France perd, au profit de l'Allemagne, l'Alsace et la Lorraine.

1815 Dernière défaite de Napoléon Ier à Waterloo (Belgique).
Se rappeler « Les Châtiments » de Victor Hugo : « D'un côté c'est l'Europe et de l'autre la France ».

1848 C'est à l'Hôtel de Ville de Paris que le Gouvernement Provisoire (dont fait partie Lamartine) se réunit. Descendre sur les quais du métro pour suivre les étapes de son histoire.

1870-1871 Un seul territoire est demeuré français, de 1871 à 1914 : celui de Belfort, grâce à l'héroïque résistance de son chef, Denfert-Rochereau. Celui-ci a donné son nom à cette Place parisienne où veille le Lion de Bartholdi.

Vers 1650, les Mandchous dominent la Chine pour plus de trois siècles. Après la révolution de 1688 l'Angleterre devient parlementaire. Au XVIIIe siècle, Frédéric II, roi de Prusse de 1740 à 1786, et Catherine II, impératrice de Russie de 1762 à 1796, sont, aux yeux des Philosophes français, des « despotes éclairés ». En 1776, les États-Unis d'Amérique se déclarent indépendants. En 1810, les colonies espagnoles d'Amérique se révoltent sous l'impulsion de Bolivar. De 1837 à 1901, la Reine Victoria gouverne l'Angleterre. En 1848, des révolutions naissent, et meurent dans toute l'Europe. L'unité italienne se fait grâce à Cavour et l'unité allemande grâce à Bismarck.

1914-1918 Dans toutes les villes et tous les villages de France s'élève un « Monument aux Morts » en souvenir des « Poilus », « morts pour la France ».

Les années 20 Le Dôme, la Coupole ont été, avec la Rotonde, les cafés les plus célèbres du Montparnasse de l'époque (les « années folles »). Les écrivains et les artistes du monde entier s'y retrouvaient.

1944 Au Plateau des Glières, dans les Préalpes, près d'Annecy, un groupe de Résistants, parmi tant d'autres, a lutté héroïquement contre les Allemands. Monument National.

La France du nord-est devient, de 1914 à 1918, le principal champ de batailles de la Première Guerre mondiale. Elle retrouve les provinces perdues en 1871, mais reste affaiblie pour longtemps. La Deuxième Guerre mondiale (1940-1945) est encore plus ruineuse. Libérés par les armées anglo-américaines soutenues par la Résistance intérieure, les Français doivent bientôt faire face aux problèmes de la décolonisation en Afrique Noire, en Algérie et en Indochine. Le Général de Gaulle redonne au pays une place qu'il avait perdue. G. Pompidou, puis V. Giscard d'Estaing, lui succèdent jusqu'au retour de la Gauche au pouvoir.

1958 Le Général Charles de Gaulle, rappelé au pouvoir à la faveur de la crise algérienne, fonde la 5e République.
Il est enterré à Colombey-les-deux-Églises.

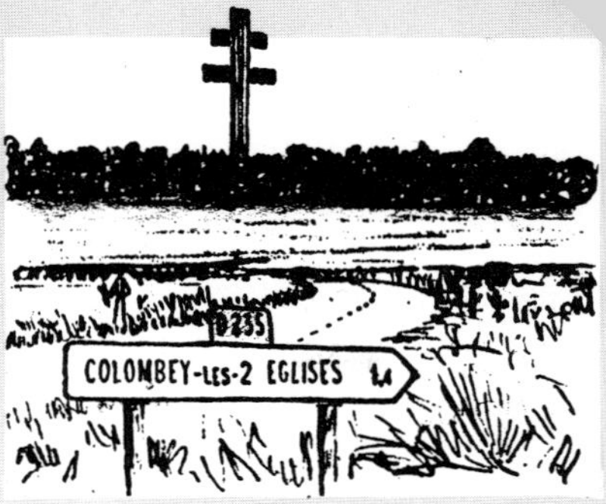

1968 Fidèle à sa tradition, le quartier latin a été le cœur des « Événements de mai », dont les aspirations ne sont pas éteintes.

1981 François Mitterrand élu à la Présidence de la République en mai. Mais il n'a pas cessé d'habiter l'étroite Rue de Bièvre, près de la Place Maubert.

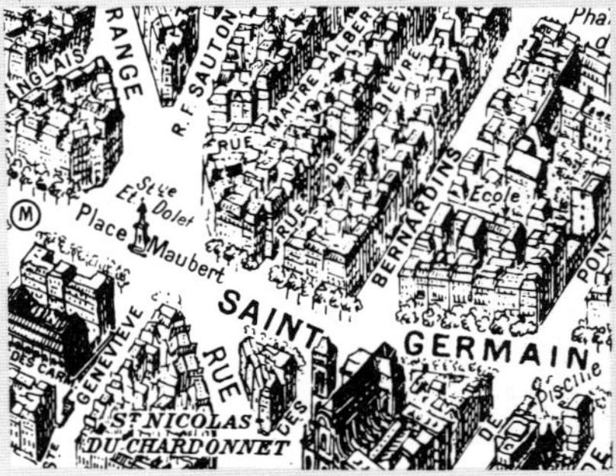

1899-1902 : Guerre des Boers, gagnée par les Anglais, en Afrique du Sud.
1904-1905 : Guerre russo-japonaise, gagnée par les Japonais.
1917 : Révolution en Russie.
1922 : Mussolini prend le pouvoir en Italie.
1929 : Début de la crise économique mondiale.
1933 : Hitler prend le pouvoir en Allemagne.
1936-1939 : Guerre civile en Espagne.
1948 : Les communistes prennent le pouvoir à Prague.
1950-1953 : Guerre de Corée.
1962 : Crise de Cuba.
1968 : Le « Printemps de Prague ».
1975 : Mort de Franco.

Boutique Langue

Des mots, des mots, des mots...

Paroles, paroles, paroles...

Trucs & bidules

Origine des noms de personnes, des noms de lieux, les mots dans le vent, les « gros mots », les mots familiers, les mots nobles, les sigles, les familles, le franglais, les mots de base, racines, suffixes, préfixes...

mesures

On écrit	*...On dit*

Les mesures de longueur

1 mm ; 3 cm ;	un millimètre ; trois centimètres ;
1,50 m	un mètre cinquante.
2,800 km	deux kilomètres huit cents
2 800 m	(ou deux mille huit cents mètres).

Les surfaces

1 cm^2 ; 1 m^2	un centimètre carré, un mètre carré.
1 ha	un hectare vaut dix mille mètres carrés.

Les volumes

1 cm^3 ; 1 m^3	un centimètre cube, un mètre cube.
1 l ; 1 hl	un litre, un hectolitre.

Les poids

1 kg	un kilogramme, un kilo (.= mille grammes)
0,5 kg	un demi-kilo, cinq cents grammes, une livre
1 700 kg	mille sept cents kilos, dix-sept cents kilos ou une tonne sept.

Le thermomètre et la température...

...du corps

pour répondre au médecin

J'ai une fièvre de cheval
Ma fièvre continue à monter
J'ai de la température

Ma fièvre est tombée
Je n'ai plus de fièvre

Je ne prends jamais ma température !

santé ⊠ 207

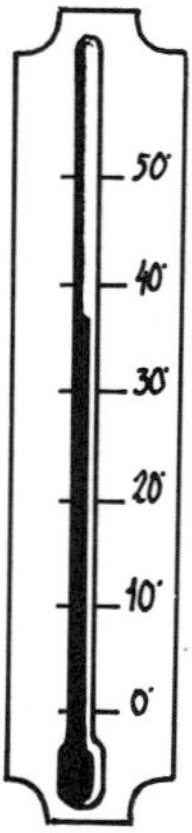

...de l'air

pour parler du temps

Il fait une chaleur !
Le soleil tape dur !

Quel beau temps !
Il fait bon...

Il fait plutôt frais...

Quel sale temps ! la température est basse pour la saison.
Il gèle...
Le thermomètre est en-dessous de zéro...

l'heure

Quelle heure est-il ?
Quelle heure avez-vous ?

midi
minuit

midi 10

midi et quart
un quart d'heure

midi et demie
midi trente
une demi-heure, la demie

une heure moins 20

moins le quart

une heure juste
une heure précise

L'heure c'est l'heure !

Tout le monde n'a pas une montre digitale.

Quelques autres façons de parler :

— Dans deux minutes il va être onze heures
— Il est bientôt onze heures.
— Il est onze heures et quelques.
— De bonne heure (= tôt).
— Il est toujours exact, il arrive toujours à l'heure.
— Il gagne 100 F de l'heure, il va à 100 à l'heure.
— Si tu ne veux pas manquer ton rendez-vous, mets ta montre à l'heure... tous les quarts d'heure.

Au jour le jour...

— Il n'est que 8 heures du matin, nous arriverons dans la matinée, dans la soirée.
— Le jour précédent, le jour d'avant,
avant-hier → hier → aujourd'hui → demain → après-demain → le jour suivant (le jour d'après).
— Dans deux semaines = dans quinze jours, dans une quinzaine.
— A l'hôtel : une journée, une nuitée, fin de mois, le mois dernier, le mois prochain, un mois creux, fin de saison, hors saison.

le franc

Le franc et le centime

Depuis 1960, on emploie dans le commerce le Nouveau Franc (F.) qui vaut 100 centimes. Mais beaucoup de Français (allez expliquer pourquoi !) parlent encore en anciens francs[1] pour les grosses sommes.

Les étrangers leur donneront une leçon s'ils comprennent que 1 centime = 1 ancien franc.

Il faut donc écrire et dire

0,50 F =	zéro franc cinquante (ou cinquante centimes)
7,60 F =	sept francs soixante
30 000 F =	trente mille francs

Les pièces

Dix centimes
Vingt centimes
Cinquante centimes ou 1/2 Franc
Un Franc
Deux Francs
Cinq Francs
Dix Francs

Les billets

50 F.
100 F.

N.B. Pour être franc[2] et pour parler franc[3], il y a aussi un « Franc Belge » et un « Franc Suisse ».

[1] nom commun [2] adjectif [3] adverbe

dans les boutiques

Ce qui sert (presque) toujours partout :

— Où puis-je acheter/trouver un/une/des ☐ ?
Où est le/la plus proche ☐ , s'il vous plaît ?
Bonjour Madame/Monsieur, je voudrais/il me faut un/une/des ☐ / un paquet de ☐ , une tranche, un morceau de ☐ .

— C'est combien ?

— Avez-vous quelque chose de moins cher/de meilleur/d'un peu plus.../d'un peu moins.../le même en... ?

— Vous me mettrez/donnez-moi une tranche, un kilo, une livre de plus/de moins.

— C'est tout/ce sera tout, merci !

Ce qui sert, ici ou là, dans les boutiques

vous demanderez, entre autres choses :

— *Chez le boulanger/à la boulangerie*
une baguette bien cuite/pas trop cuite.

— *Chez le boucher/à la boucherie*
un bon bifteck bien placé/150 g de viande hachée.

—*Chez le buraliste/au bureau de tabac*
un paquet de Gauloises bleues/un carnet de timbres.

— *Chez le charcutier/à la charcuterie*
des saucisses de Toulouse/un saucisson sec/à l'ail.

— *Chez le crémier/à la crémerie*
un lait entier/demi-écrémé/écrémé, six œufs coque.

— *chez le/la fleuriste*
Qu'est-ce qui va « tenir » le plus longtemps ?

— *Chez le libraire/à la librairie*
Je voudrais un livre sur X ; avez-vous le dernier livre de Y ?

— *Chez le marchand de couleurs/à la droguerie*
des piles pour mon transistor et un bon détachant

— *Chez le marchand de vins (= une « cave »)*
Pouvez-vous me conseiller un petit Bordeaux assez léger ?

— *Chez l'opticien*
Le verre est cassé, pouvez-vous le changer ?

— *Chez le papetier/à la papeterie*
Un bloc *Avion* grand format et un paquet d'enveloppes.

— *Chez le pâtissier-confiseur/à la pâtisserie-confiserie*
Quelle tarte me conseillez-vous ?/Avez-vous des bonbons à la menthe ?

— *Chez le poissonnier/à la poissonnerie*
(ne pas demander : « elles sont fraîches vos sardines/vos moules ? » ce n'est pas prudent !)
un filet de sole/de merlan, un litre de moules.

le commerce

Alimentation n.f. Tout ce qui peut servir de nourriture : les magasins d'alimentation. Aliment, alimenter, s'alimenter, sous-alimenté, sur-alimenté.

Antiquaire n.m. Personne qui vend des objets anciens.

Article n.m. Tout objet vendu dans une boutique, un magasin : articles de voyage, de toilette, etc.

Bijou n.m. bijoux (pl.) Petit objet en or, en argent, etc. très travaillé : une bague, un collier par exemple, et vendu dans une bijouterie. Les bijoutiers sont souvent, en même temps, horlogers.

Cher(e) adj. = coûteux, très cher = hors de prix, contraire = bon marché, avantageux.

Cher adv. *Un meuble que je n'ai pas payé cher.*

Cherté n.f. *Tout le monde se plaint de la cherté de la vie.*

Commerce n.m. Achat et vente de marchandises, en grandes quantités (commerce de gros, en gros) ou à l'unité, à la pièce (commerce de détail, vendre au détail). On dit aussi un commerce pour le magasin ou la boutique : *Il tient un commerce près de la cathédrale.* Le commerçant est la personne qui fait du commerce, qui tient un commerce, une boutique. Commercial, commercialiser.

Courses n.f. = achats. *Elle a quelques courses, ou commissions, ou emplettes à faire aux Galeries ce matin.*

Crème n.f. Matière grasse du lait avec laquelle on fait le beurre. D'où écrémer = enlever la crème du lait. On parle aussi de crème à raser, de crème de beauté.

Détachant n.m. Produit utilisé pour enlever les taches. On le trouve chez un marchand de couleurs, une droguerie.

Droguerie n.f. Marchand de couleurs, mais moins courant.

Emballer Entourer un objet de papier, le mettre dans une caisse, un carton pour le transporter ; *Pouvez-vous me faire un bel emballage, c'est pour un cadeau* (= un paquet-cadeau).

Étalage n.m. *Le marchand de chaussures a refait son étalage* = a changé la place des marchandises dans la vitrine.

Fantaisie n.f. Un bijou de fantaisie, ou un bijou fantaisie, est un bijou sans grande valeur peut-être, mais original, nouveau.

Fin/très fin/extra-fin (adj.) : adjectifs utilisés pour les petits pois, les haricots, etc. On parle aussi d'une épicerie fine, de vins fins, de fines herbes.

Joaillier n.m. Personne qui monte les pierres précieuses sur les bijoux ou qui les vend (dans une joaillerie).

Lécher les vitrines v. Regarder, en prenant son temps, les vitrines des boutiques et des magasins *(faire du lèche-vitrines).*

Magasin n.m. Lieu où l'on montre et où l'on vend des marchandises, plus grand qu'une boutique. *Courir les magasins* c'est faire des courses, des achats.

Maison n.f. Le mot a quelquefois un sens commercial ; *la maison a été fondée en 1900 ; une bonne maison ; une maison de tissus.*

Marchand n.m. Le mot a le même sens que commerçant mais ne s'emploie que dans des expressions comme : un(e) marchand(e) de légumes, de poissons, de journaux... Un marchand de couleurs vend beaucoup de choses utiles à la vie de tous les jours, des produits de toilette, d'entretien, des petits outils (quincaillerie), etc. Un marchand de (ou des) quatre saisons vend ses marchandises : des légumes, des fruits, des poissons dans une petite voiture à bras au bord d'un trottoir. Une galerie marchande est une rue couverte où se trouvent de nombreux commerces.

Marchander v. Essayer d'acheter à meilleur marché en amenant le marchand à baisser son prix (= marchandage).

Paquet n.m. Attention aux différents emplois : ou bien le paquet est tout fait : paquet de cigarettes, de lessive, de café, de sucre ; ou bien il est fait à la demande : *voulez-vous me faire un paquet-cadeau ?* (= empaqueter, emballer).

Prêt(s)-à-porter n.m. Vêtement coupé selon des mesures *normalisées* (= simplifiées, unifiées, standardisées), mais qui peuvent être un peu changées selon le client. Le vêtement tout-fait est à prendre tel quel ; le vêtement sur mesure est entièrement fait selon les mesures du client.

Prix n.m. *Quel est votre prix ?* Un prix élevé/A bas prix. Prix fixe : qu'on ne peut pas discuter. Hors de prix = très cher, une robe de prix (= d'une grande valeur).

Spécialité n.f. Produit que l'on ne trouve que sous une certaine marque, dans une certaine maison (= maison spécialisée), une certaine région : *la bouillabaisse est une spécialité marseillaise.*

Succursale n.f. Maison de commerce qui dépend d'une autre : *Le Printemps-Nation est une des succursales du Printemps-Haussmann, la maison-mère.*

Rabais n.m. Diminution faite par le commerçant sur le prix d'une marchandise : *Pouvez-vous me faire un petit rabais* (= une réduction, une remise).

Vitrine n.f. *J'ai vu cet article en vitrine, à l'étalage, à la devanture.* (... en faisant du lèche-vitrines).

Arrhes (n. toujours pluriel) Somme d'argent que l'on donne en avance sur son compte. On dit aussi acompte.

Auberge (n.f.) Petit hôtel ou restaurant à la campagne. Mais l'intérieur peut être élégant. Voir Hostellerie.

Blanchissage (n.m.) = nettoyage, lavage du linge.

Bungalow (n.m.) = petite maison sans étage.

Cabinet (n.m.) Ne pas confondre le cabinet de toiilette, petite salle d'eau avec un lavabo, quelquefois une douche, avec les cabinets = les W.C. (Attention : on dit aussi, dans ce cas, la toilette ou les toilettes).

Chaîne (n.f.) Groupe d'hôtels qui ont le même propriétaire.

Clochard (n.m.) Personne qui vit sans travail et sans domicile.

Complet (adj.) complète = plein. *L'hôtel affiche complet.*

Compris (adj.) comprise = contenu dans le prix. Voir inclus.

Fauché (adj.) (familier) sans argent : *Il est trop fauché, le pauvre pour pouvoir aller à l'étranger.*

Gîte (n.m.) en général = lieu où l'on peut trouver à se loger à l'étape (un gîte d'étape) ⊠ 199

Hôtel (n.m.) Ne pas confondre ce mot avec la maison d'un riche propriétaire ou hôtel particulier, ni avec de grands immeubles publics comme un Hôtel de Ville, un Hôtel des Ventes, etc.

Hôtellerie ou hostellerie (n.f.) Hôtel ou restaurant, d'apparence campagnarde, mais souvent luxueux.

Inclus (adj.) incluse, voir compris.

Logis (n.m.) = gîte. Les deux mots sont d'emploi littéraire.

Note (n.f.) Détail du compte des sommes à payer. Au restaurant on ne demande pas « sa note » mais « l'addition ».

Penderie (n.f.) Armoire, placard où l'on pend les vêtements.

Réception (n.f.) Bureau à l'entrée de l'hôtel où sont reçus les clients.

Relais (n.m.) Mot ancien (comme hostellerie) employé pour attirer les clients. Voir Relais et Châteaux ⊠ 199.

Service n.m. 1) Manière de servir : *le service est bien fait. Le service est mauvais médiocre convenable très bon parfait.* 2) Somme donnée en plus pour payer ce service *service 15 %.*

Supplément (n.m.) Somme payée en plus du tarif, en échange d'un service non compris dans ce tarif.

Tarif (n.m.) Prix fixé. Demander si pour un jeune enfant on paiera demi-tarif.

au restaurant

Arroser v. *arroser un plat, un repas* : boire en le mangeant. **Arroser un succès** : fêter en buvant.

Bifteck n.m. pour *beef steack* = tranche de viande de bœuf. *Gagner son bifteck* = gagner sa vie.

Bistrot n.m. Café ou petit restaurant pas cher. *Nous sommes allés prendre un verre au bistrot d'en face.*

Brasserie n.f. Restaurant où l'on peut ne commander qu'un plat unique ou, comme il était d'usage autrefois, un plat froid arrosé d'une bière.

Chef n.m. Celui qui dirige la cuisine d'un restaurant. *Je serais heureux de voir le chef pour le remercier.*

Chou n.m. La choucroute (n.f.) est faite de feuilles de choux découpées finement que l'on laisse légèrement fermenter ; elle est mangée avec saucisses et pommes de terre.

Crème n.f. Matière grasse du lait avec laquelle on fait le beurre ; dessert : crème renversée, crème glacée (voir mots-clés commerce).

Crudité(s) n.f. Fruit(s) ou légume(s) crus (non cuits).

Entrecôte n.f. Tranche de viande de bœuf coupée entre les côtes.

Escargot n.m. Les plus recherchés sont les *escargots de Bourgogne* et les *petits gris.*

Fermenté adj. Un fromage, au bout d'un certain temps de fermentation, a une odeur forte.

Fruits de mer au pluriel. Comme des huîtres et des coquillages, servis sur un grand plat ou plateau.

Gastronomie n.f. L'art de bien manger de bonnes choses, non pas en *gourmand* (qui mange trop) mais en *gourmet* (en connaisseur).

Gibier n.m. Animal à plumes ou à poils, tué à la chasse.

Homard n.m. Il a de grosses pinces alors que la langouste n'en a pas. *Il a pris un coup de soleil, il est rouge comme un homard.*

Jambon n.m. Cuisse ou épaule salée (ou fumée) du porc. Jambon de Bayonne, de Paris, etc. Jambons de pays.

Langouste n.f. Langoustine n.f. La langoustine est plus proche du homard que de la langouste.

Pâte n.f. 1) Préparation de farine et d'eau, d'œufs, de lait et de beurre, etc. : pâte à crêpes. Au pluriel : nouilles, spaghetti, macaroni, etc. 2) Mélanges plus ou moins mou : pâte d'un fromage, pâte de fruits, pâte dentifrice.

Pâté n.m. Viande coupée finement, cuite, enveloppée dans une pâte (tourte) ou dans un pot (terrine).

Plat n.m. 1) Pièce de la vaisselle plus grande qu'une assiette, *un plat long.* 2) Ce qu'il y a dedans : *un plat de poisson.* 3) Partie du menu : le premier plat. *Mettre les petits plats dans les grands* : servir un repas très soigné.

Sauce n.f. La sauce blanche, la sauce vinaigrette (pour assaisonner la salade). Mais la sauce mayonnaise, la sauce tomate peuvent être achetées toutes faites.

Salade n.f. Salades de légumes, de laitue (= une salade), de pommes de terre, de fruits sont toujours des mélanges : *Je n'ai rien compris à ce qu'il m'a dit, c'est une vraie salade.*

Saucisse n.f. saucisson n.m. La saucisse se mange chaude (saucisses de Strasbourg, de Toulouse). Le saucisson (de Lyon) froid.

Service (n.m.) Voir Hôtel.

Sole n.f. Poisson de mer plat et ovale.

Soupe n.f. Potage n.m. sont à peu près synonymes. *C'est une vraie soupe au lait* = il se met vite en colère. *Pour tout potage* = en tout et pour tout, sans rien d'autre.

Spécialité n.f. Produit qu'on ne trouve qu'en un endroit. La choucroute est une spécialité alsacienne.

Terrine n.f. Voir pâté.

Volaille n.f. Poules, canards, oies.

la voiture

Je ne sais pas ce qui se passe mais...

crever	: mon pneu avant-droit est crevé !
changer	: voulez-vous me changer la roue ?
charger	: et la batterie n'est pas assez chargée,
dépanner	: pouvez-vous me dépanner ?
déraper	: mon pneu était à plat, j'ai dérapé !
éblouir	: et ses phares m'ont ébloui,
fonctionner	: de plus mes freins fonctionnent mal,
fuir	: le liquide a l'air de fuir
graisser	: il faudrait les graisser !
remorquer	: ce n'est pas la peine de me remorquer,
réparer	: j'espère que vous allez réparer tout ça...
serrer	: regardez aussi s'il n'y a rien de desserré,
vérifier	: les niveaux d'essence, d'huile et d'eau sont à vérifier,
vidanger	: et pendant que vous y êtes, faites la vidange... s'il vous plaît.

Mais à part ça, tout va très bien !

RENAULT 25
V6 injection
équipée du moteur
2,6 l V6 TURBO
elle peut atteindre
250 km/h

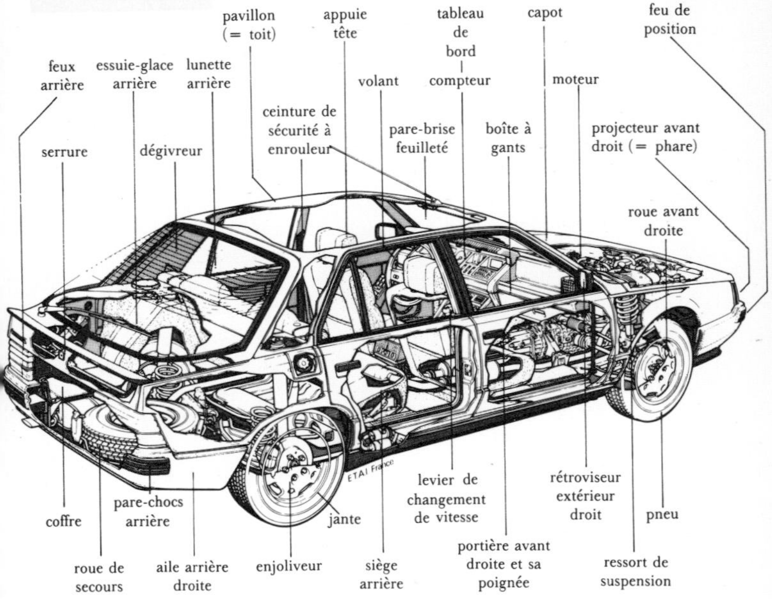

métro et autobus

Arrêt n.m. Endroit où s'arrête régulièrement un autobus. *Ne descendez pas : ce n'est pas l'arrêt.* Mais aussi : action de s'arrêter : *arrêt demandé.* On dit qu'un taxi est *à l'arrêt.*

Ascenseur n.m. Attention à l'orthographe ! Il est quelquefois *en panne, en dérangement.*

Bondé adj. Plus que plein, si possible !

Borne n.f. De forme différente, des bornes kilométriques qui, le long des routes, indiquent les distances.
100 km = 100 bornes (fam.).

Ceinture n.f. Ligne d'autobus qui fait le tour (de la taille ronde) de Paris. *Attention* : les initiales P.C. sont aussi celles du Parti Communiste.

Contrôler v. Le contrôleur de la RATP vérifie que le voyageur a bien son ticket.

Correspondance n.f. Communication entre deux lignes de métro ou d'autobus ou de chemin de fer. Attention de ne pas *rater* (manquer) *la correspondance.*

Embarras n.m. *La circulation est ralentie par les embarras de voitures* (par un trop grand nombre de voitures). Un trop copieux repas provoque parfois un *embarras gastrique.*

Embouteillage n.m. A à peu près le même sens que embarras : *Le carrefour était embouteillé, je n'ai pas pu passer, j'ai été pris dans l'embouteillage (l'encombrement).*

Flâner v. Se promener au hasard pour se distraire. Synonyme plus familier : se balader. Paris ne manque pas de flâneurs et de badauds qui s'arrêtent pour regarder le moindre spectacle inhabituel.

Libre adj. Se dit d'une chose qui n'est pas occupée, retenue : un siège, une chambre d'hôtel, les W.C. ou un taxi. Contraires : le fauteuil, la place est réservé(e), la chambre est retenue, les W.C. sont occupés ; pour le taxi... on dit plutôt qu'il n'est « pas libre ».

Machiniste n.m. C'est le nom officiel et administratif du conducteur de l'autobus : *Défense de parler au machiniste.* (C'est aussi l'ouvrier qui, au théâtre, s'occupe des changements de décor.) Pour le taxi, dire *chauffeur.*

Métropolitain adj. Dans « Chemin de fer métropolitain » = de la métropole, de la capitale, puis le mot est devenu un nom : « le métropolitain » et a été finalement abrégé en « métro ».

Occupé adj. Voir libre.

Rame n.f. Synonyme de « train ».

R.A.T.P. sigle f. = Régie Autonome des Transports Parisiens. Une « régie » est une société à caractère public. Elle peut être plus ou moins dépendante de l'État (autonomie). Autre exemple : la Régie Nationale des Usines Renault.

Réseau n.m. Ensemble de lignes qui se croisent. On peut parler de réseau ferré (Chemins de fer), routier, aérien, télégraphique ou téléphonique.

S.N.C.F. sigle f. : Société Nationale des Chemins de Fer Français.

Station n.f. Le mot a plusieurs emplois : endroit où s'arrête le métro, où attendent les taxis. (Pour les autobus on dit « arrêt »). Mais on parle aussi de stations de radio et de télévision, de stations balnéaires (La Baule, par exemple), ou de stations de sports d'hiver (comme dans la région de Grenoble).

Usager n.m. Personne qui utilise un service public comme le téléphone, la route, etc.

voyage par fer et par air

Abonnement n.m. Prix réduit offert au voyageur qui fait régulièrement le même trajet : l'abonné doit montrer sa carte d'abonnement.

Aéroport n.m. Désigne l'ensemble des terrains, aménagés pour l'atterrissage et le décollage des avions, ainsi que les bâtiments réservés aux voyageurs. *Aéroport de Paris.*

Appareil n.m. Mot souvent employé au lieu d'avion, *l'appareil est en train d'atterrir.*

Atterrir v. Toucher terre, se poser sur la piste d'atterrissage. (Voir décoller, décollage).

Autorail n.m. Véhicule à moteur Diesel transportant les voyageurs sur certaines petites lignes.

Brochure n.f. Ensemble de quelques pages décrivant, par exemple, un ou plusieurs séjours ou circuits (voir dépliant).

Buffet n.m. Café-restaurant installé dans une gare importante.

Circuit n.m. Excursion ou voyage à travers une région, un pays, en passant par des lieux touristiques importants.

Consigne n.f. Lieu où peuvent être gardés les bagages.

Décoller v. Quitter le sol. *Ne pas fumer pendant le décollage* (voir atterrir, atterrissage).

Dépliant n.m. Feuille de papier pliée en plusieurs « feuillets » qui décrit, par exemple, un itinéraire, un voyage, un séjour (voir brochure).

Destination n.f. *Train, avion, à destination de Nice* = qui vont à Nice (voir provenance).

Distributeur n.m. Appareil qui, en échange de pièces de monnaie, fournit par exemple des billets, des timbres, des boissons, etc.

Embarquement n.m. Montée à bord d'un avion : *Attention s'il vous plaît : VOL IT 7113 à destination de Bordeaux ; embarquement immédiat. Porte 16.*

Enregistrer v. Un « passager » (d'avion) doit se présenter au bureau de la compagnie qui va le transporter avant l'heure limite d'enregistrement (HLE).

Équipage n.m. Voir hôtesse.

Excursion n.f. Une région pittoresque offre aux touristes la possibilité de faire de nombreuses promenades et excursions.

Fiche n.f. Une *fiche-horaire* est un dépliant qui donne les heures de départ et d'arrivée, pour les gares d'une ligne donnée.

Guichet n.m. Ouverture qui permet au voyageur de communiquer avec l'employé assis de l'autre côté, à sa table. Adressez-vous au bon guichet !

Guide n.m. 1) Personne qui montre le chemin : *Suivez le guide !* 2) Le livre qui contient les renseignements : *Achetez le guide !*

Horaire n.m. Tableau des heures d'arrivée et de départ des trains, des avions.

Hôtesse n.f. Les hôtesses et les stewards, ainsi que les chefs de cabine sont un peu plus nombreux à Air-Inter que les commandants de bord, pilotes et officiers mécaniciens. Les uns et les autres forment l'équipage.

Informer v. Donner des renseignements. S'informer : interroger pour les obtenir. « Informations » et « renseignements » sont à peu près synonymes.

Itinéraire n.m. Chemin à suivre pour aller d'un lieu à un autre : *l'itinéraire du Cévenol* par exemple (voir trajet et parcours).

Kiosque n.m. Petit abri que l'on trouve dans les gares, les aérogares ou les rues pour la vente des journaux (on peut parler aussi des *bibliothèques de gare*).

Ligne n.f. (voir aussi, ligne d'autobus, ligne de métro). *Une* *tête de ligne* = une gare ou un aéroport de départ. *Un pilote de ligne.* Dans une grande gare, distinguer les quais de départ *grandes lignes*, des voies de banlieue.

Limite n.f. Voir « enregistrer ». Se renseigner aussi sur la limite de validité des billets, sur la limite de poids des bagages.

Louer v. Retenir une place à l'avance dans un train ou un avion. On dit aussi réserver (réservation).

Passager(ère) n.m. Celui ou celle qui voyage à bord d'un avion comme d'un navire. Pour un train on parle de « voyageurs ».

Provenance n.f. *Train, avion en provenance de Lyon* = qui viennent de Lyon. Voir destination.

Réduction n.f. Diminution de prix. Voir « tarif réduit ».

Réserver v. Réservation n.f. Voir louer, location.

Séjour n.m. Lieu où l'on s'arrête un certain temps : *faire un long, bref séjour, séjour d'été, permis de séjour.*

Tarif n.m. Liste des prix. « Tarif réduit », « demi-tarif » : prix spécial pour une catégorie de voyageurs, de passagers.

Terminal(aux) n.m. Aérogare située en ville pour l'accueil des passagers venant de l'aéroport ; à Paris : Terminal Invalides et Terminal Maillot.

Trajet n.m. Distance parcourue d'un lieu à un autre : *Le trajet m'a paru long.* On dit aussi parcours. Voir itinéraire.

Valide adj. *Votre passeport, votre billet, n'est pas valide* (= valable) = est trop vieux, sa période de validité est terminée.

Visibilité n.f. Qualité de l'air qui permet de voir à une plus ou moins grande distance. PSV = pilotage sans visibilité.

Voiture n.f. Le mot est plus employé que wagon : voiture de queue, de tête, de première, de seconde.

Vol n.m. Altitude, *vitesse de vol, huit heures de vol, vol de nuit, le vol AF 1501 à destination d'Ajaccio est retardé.*

Voyageur(euse) n.m. *Les voyageurs pour Paris, en voiture. Tous les voyageurs changent de train.* Voir passager.

Wagon n.m. A la SNCF on dit : *wagon de marchandises* mais *voiture de voyageurs.*

le savoir-vivre téléphonique

— Je m'assure que le numéro que je vais former est le bon.
— Je le compose avec soin après avoir entendu la tonalité.
— Ça sonne occupé : je rappellerai plus tard.
— J'ai fait une erreur, je m'excuse poliment.
— On décroche, je m'assure que cette fois il s'agit bien de mon correspondant : *« Allo, je suis bien chez le Docteur... ?... »* ou *« C'est toi Sylvie ?... »*.

— A moins que lui-même ait dit tout de suite, comme le conseillent les P et T : *« 027 85 20, j'écoute »* ou encore : *« Docteur Prieur à l'appareil »*.

— De toute façon, je me présente *« Ici, Paul Perrin votre patient. J'aurais voulu un rendez-vous aujourd'hui, ma dent me fait très mal »* ou *« Tu serais libre, Sylvie, pour un week-end à Fontainebleau ? »*

La suite de la conversation ne devrait pas poser de problèmes. Sauf si vous confondez le rendez-vous avec Sylvie et le rendez-vous chez le dentiste !

Et si la communication est alors coupée, raccrochez. C'est à vous de rappeler. Tant pis !...

027	85	20
zéro vingt sept,	quatre vingt cinq,	vingt.

Appareil n.m. *Allo, qui est à l'appareil ?*

Un appel n.m. Appeler, rappeler : *le médecin a été appelé par téléphone, il est venu au premier appel, je l'ai rappelé hier.*

Communication n.f. Un correspondant n.m. : *Il n'a pas fallu longtemps pour obtenir la communication, mon correspondant était là.*

Composer v. Former un numéro = le faire.

Combiné n.m. Partie de l'appareil comprenant le micro et l'écouteur.

Couper v. *Ne coupez pas !* = n'arrêtez pas la communication.

Décrocher, raccrocher v. : prendre le combiné pour recevoir la communication, le remettre sur son support.

Libre adj., occupé adj. = *il n'y a personne sur la ligne,* ou au contraire, le correspondant parle à quelqu'un (tonalité : ...).

Quitter v. *Ne quittez pas, restez à l'appareil,* on va vous passer quelqu'un.

Télécommunication n.f. Communications à grandes distances.

Tonalité n.f. Son continu pour annoncer que la ligne est libre ou encore que l'appel est lancé.

la santé

Si vous vous sentez... « mal en point », c'est plutôt le moment de prendre un rendez-vous chez un médecin ou un dentiste, ou, si vous ne pouvez vous déplacer, de demander une visite du médecin. Vos amis vous recommanderont peut-être à leur médecin de famille. Sinon, consultez l'annuaire du téléphone à « médecins » ou, à la première page, voyez « urgences ». ☒ 207

Si vous êtes... « au plus mal », la seule phrase utile est *« Appelez un médecin, vite ! »* Tant pis si vous n'avez pas le temps d'ajouter « s'il vous plaît ! ».

Espérons que vous aurez quand même toute votre tête pour vous préparer à aider le médecin à faire son diagnostic. Quand il vous dira : *« Alors, dites-moi ce qui ne va pas ? »* Il faudrait pouvoir lui répondre au moins une phrase. Ce qui l'intéresse, c'est de savoir *où ?* et de savoir *quand ?* ou depuis *quand ?* Le plus difficile c'est de lui exprimer *comment.* Vous pouvez, au moins dire « j'ai mal »... puis essayer d'être un peu plus précis par exemple :

à la tête
aux dents
à la gorge
dans la poitrine
à l'estomac
au ventre

ici
à la jambe

1. J'ai perdu connaissance.
2. Cette dent me fait souffrir.
3. J'ai du mal à avaler.
4. Mon cœur me fait très mal.
5. J'ai des aigreurs.
6. Je suis constipé/ j'ai des diarrhées.
7. Ça me brûle.
8. J'ai des crampes.

Il voudra savoir encore si la douleur est « brutale » : elle vient tout d'un coup, ou « progressive » : elle vient petit à petit ; « continue » : elle dure, ou intermittente : elle est irrégulière.

Pensez aussi à : *ça me pince, ça me serre, ça me chatouille, ça me gratouille....*

Enfin, votre médecin doit savoir si vous êtes, par exemple : « diabétique, cardiaque » (vous avez une maladie de cœur), « allergique » (sensible à tel ou tel produit) si vous avez un organe fragile ou si d'une façon générale vous êtes « en traitement » ou simplement « au régime ».

je me débrouille

Mon savoir-vivre avec les Français en 20 leçons

Attention, ça dépend !

▶ de qui ? de l'Autre surtout, des Autres :

Tantôt c'est un jeune et je suis plus à l'aise,
Tantôt ... un vieux et je suis plus respectueux,
Tantôt ... un inconnu et je suis prudent,
Tantôt ... un ami et je puis être familier.

▶ de moi aussi :
Je ne suis pas toujours lucide.

▶ et du temps qu'il fait :
qui rit vendredi dimanche pleurera.

▶ les signes < < signifient une hiérarchie montante dans l'*insistance*.

▶ les signes ‾•‾ ‾•‾ ‾•‾ signifient une hiérarchie montante dans le *niveau de la langue*

familier — le ton juste — trop recherché

on me présente

S'il (ou elle) me présente
son mari, son ami
sa femme, son amie,

je dis seulement : *Monsieur !...* ou *Madame !...*

je peux ajouter (sans plus) : *Enchanté !*

je salue

▶ quand on se dit Vous.
(on ne s'est jamais vus...)

— *Bonjour Madame !*
— *Bonjour Monsieur !*
(ne pas dire : Bonjour, Monsieur Martin !)

▶ quand on se dit tu.
(entre jeunes qui se connaissent bien, par exemple)

— *Salut !*
— *Salut Jean !*
(ne pas dire : Salut Monsieur !)

▶ A une deuxième rencontre, on peut ajouter :

— *comment allez-vous ?*
— *vous allez bien ?*

— *comment vas-tu ?*
— *comment ça va ?*

▶ En se séparant (en prenant congé) :

— *Au revoir Madame !*
— *Au revoir Monsieur !*

— *Salut !*
— *A bientôt !*

excusez-moi

Pardon < Pardonnez-moi < Je vous demande pardon

Je vous prie de m'excuser < J'espère que vous ne m'en voudrez pas < Je suis tout à fait désolée

Je vous supplie de me pardonner, de m'accorder votre pardon

je me renseigne

— Le Monde *s'il vous plaît ?*

S'il vous plaît...

...Auriez-vous l'obligeance de me montrer...	**ce que**
...Je vous serais très reconnaissant de me montrer...	**où**
...Pourriez-vous m'indiquer... ...Voulez-vous me dire...	**quand**
...Montrez-moi... ...Je veux savoir...	**comment**

Un « s'il vous plaît » est toujours recommandé !

je remercie

merci < merci beaucoup < merci mille fois

(c'était très bon < très très bon < vraiment très très bon)

je ne sais comment vous remercier

ATTENTION : il y a deux autres « merci » selon l'intonation :

merci *(oui)* : j'en voudrais encore un peu, je vous remercie d'avance

merci *(non)* : je n'en veux plus, mais je vous remercie de votre gentillesse

je demande ...

		à l'hôtesse dans l'avion	*à un voisin dans le train*
vous pouvez...			
	m'apporter...	un verre d'eau	
pourriez-vous...			
	fermer...		la fenêtre
auriez-vous l'obligeance de			

j'offre mon aide

- c'est trop lourd, hein ?
  je vous aide ?
- je peux vous aider, laissez-moi vous aider,
  voulez-vous que je vous aide ?
- je serais heureux si vous acceptiez mon aide
  vous me feriez très plaisir d'accepter mon aide

on me remercie, on s'excuse

merci !
(parce que j'ai offert mon aide à quelqu'un)

pardon !
(quelqu'un m'a demandé de l'excuser)

— de rien
— ce n'est rien !
— je vous en prie !
— n'en parlons plus

je voudrais bien !...

— peut-être ....
— cela me dirait assez ....
— je ne dirais pas non si on me proposait ....
— j'espère bien que ce sera ....
— je voudrais bien .... une voiture comme ça !
— je crois bien que je vais prendre
— je ferais tout pour avoir ....
— quel rêve ! ....
— je ferais des folies pour ....

je ne sais pas ce qui se passe

surprise !
inquiétude...
peur...

— ça alors !
— je n'en reviens pas !
— c'est très étonnant !
— mais comment se fait-il ?
— pourvu que...
— Ah, si on m'avait dit que...
— j'ai peur que...
— si je m'attendais à ça !...
— tout ça n'est vraiment pas normal !

je suis déçu

— je suis idiot (d'avoir loué ....)
— pourquoi me suis-je (laissé tenter par ....)

— quel dommage (d'avoir demandé ....)
— si seulement (je n'avais pas loué ....)

— je n'ai peut-être pas bien fait (d'avoir pris ....)
— c'est sans doute une erreur (d'avoir choisi ....)

je suggère

— je suggère que nous allions...
que diriez-vous d'aller...

— nous pourrions aller... ensemble au cinéma ?
et si on allait...

— on va...
allons...

je proteste

— ah non ! je vous en prie !
— ah non alors ! pas ça !
— ça suffit comme ça !
— ça commence à bien faire !
— ça ne peut plus durer !
— vous allez trop loin !
— vous exagérez !
— mais vous n'y pensez pas !

je suis pour

— pas mal, pas mal du tout.
— superbe ! magnifique ! extraordinaire !
— chouette ! génial !
— l'art abstrait, j'aime.
— moi j'adore !
— quelle force ! quelle présence !
— comme c'est pur ! comme c'est parlant !
— ça ne vous parle pas, vous ?
— c'est beau comme un coucher de soleil.
comme un sourire d'enfant.

je suis contre

— zéro, aucun intérêt !
— moi, ça me laisse froid !
— tout à fait, complètement, absolument...
— l'art abstrait, je déteste, je le vomis.
— c'est vide ! ça ne veut rien dire !
— ça n'a pas d'âme !
— c'est laid, c'est affreusement laid !
— c'est une honte ! c'est un scandale !
— c'est de l'escroquerie ! c'est se moquer des gens !

rien n'est simple !

objectivement

— il faut reconnaître que d'un côté... de l'autre...
d'une part... d'autre part...
— il est bien difficile de dire si l'un... l'autre...
— il y a au moins une chose que l'on peut dire c'est...
— c'est selon...
— en fait, il faut être prudent : tout est relatif !
— de toute façon, l'un n'empêche pas l'autre !

bof !

— au fond, je ne sais pas très bien !
— tout cela est sans importance !
— ce n'est pas si simple...
— et au fond, ça m'est bien égal !...

quand je ne trouve rien à dire...

pour *boucher les trous* dans la conversation
il reste toujours :
... bon... ben...
... hein...
... tu vois...
... disons que...
... bien sûr...
... exactement...
... voulez-vous que je vous dise...
... on dirait...
... n'est-ce pas...
... qu'est-ce que je disais ?...
... à la limite...
... de toute manière...

les noms de ville, ça remonte à quand ?

La France baigne dans les eaux de l'Histoire. Du nom des *Francs*, peuples envahisseurs de la Gaule au 5ᵉ siècle avant J.C., on a tiré *France*. Les noms de ses villes, de ses villages, de ses provinces, de ses montagnes, de ses rivières témoignent de cette longue histoire.

Par exemple, Paris tient son nom des Gaulois *Parisii* (p. 28), Marseille a été baptisée par des Grecs (p. 68), Aix ou Banyuls par des Romains. Le Languedoc est le nom donné sous Saint Louis à la seule province où l'on parlait alors la langue d'*oc* (p. 84, 85), etc.

les noms de famille, ça parle !

Les 55 millions de Français n'ont que 250 000 noms différents. Les plus nombreux sont les Martin ; viennent ensuite les Bernard, les Thomas, les Petit, les Dubois, les Durand, les Moreau, les Michel, les Richard, les Robert. Les Dupont ne sont que 19ᵉ. Beaucoup sont un nom de saint. Les autres décrivent un « signe particulier » de l'ancêtre, petit ou grand, comme Le Bihan et Le Braz, en breton (p. 92). D'autres encore ont été nommés d'après le lieu où ils habitent : près du bois, du pont ou de la rue. Un grand nombre portent un nom de métier, comme les Lefèvre, Lefebvre et Lefébure : le « fèvre » travaillait le fer, comme les Smith en Grande-Bretagne et les Schmidt en Allemagne.

les prénoms, ça date...

Victor, comme Hugo... Émile, comme Zola... Sidonie, comme Colette... Chaque époque a les siens, mais la mode passe et le prénom reste, si bien qu'il est assez souvent possible de deviner l'âge de quelqu'un d'après son prénom.

Marie-Louise, Germaine, Marguerite, Simone, Yvonne... Pierre, Jean, Jacques, François, Charles, Louis sont probablement nés entre 1910 et 1930. Les mêmes, plus Monique, Françoise, Colette, Nicole, Jeannine, Anne-Marie ... Michel, Claude et Claudine, Patrick, Christian, Alain, de 1930 à 1945. Sylvie, Catherine, Nathalie, Isabelle, Béatrice, Laure ... Rémi, Thibault, Thomas, Alexandre, de 1945 à 1970. Depuis, ont été baptisés Charlotte et Émilie, Anne et Laurent, Benjamin et Denis, Sophie et Charlotte, Martin et Nicolas.

Mais il y a certains prénoms qui survivent... depuis les Carolingiens jusqu'à Charles de Gaulle et à Charles Souchon, fils, avec Pierre, d'Alain Souchon.

A vérifier dans le Carnet du Jour du *Figaro*. Et sur ces trois sujets consulter les ouvrages d'Albert Dauzat, en particulier *Les noms et prénoms* (Larousse).

ça bouge !

Au « Grand Hôtel des Mots » (p. 98, 99) entrent, pour une saison, des mots à la mode, qui n'y resteront peut-être pas longtemps, comme *débile* et *dingue*, *génial* et *rétro*, *sauvage* et *vert*. Il y en a beaucoup d'autres « dans le vent »...

Souvenez-vous de Michel et Sylvie (p. 37) : « C'est *super*... c'est *vachement* agréable »...

« Ça n'aurait pas été si *chouette* »... comme dit Karina (p. 51), Elle et Lui (p. 55), ou le coiffeur (p. 53) « à la limite », emploient tous à peu près les mêmes mots. Quelques autres mots comme *assumer*, *s'éclater*, *frustrer*, *performant*, *sécurisant*, *traumatiser*, tous observables « au niveau du vécu ».

Vérifiez-en le sens, par exemple dans le *Dictionnaire des mots contemporains* de Robert, et le *Dictionnaire du français contemporain* de Larousse.

ça vient d'ailleurs...

... de l'anglais surtout. L'agent de comptoir de la p. 103 emploie le mot tour-operator, sans savoir que le *Journal officiel* a recommandé d'utiliser *voyagiste*, ainsi que d'autres mots de souche française plutôt que des mots d'origine anglo-saxonne inutiles : *ristourne* pour discount, *commanditer* ou *parrainer* pour sponsorise (qui a donné sponsoriser en franglais), par exemple. Mais certains mots, nés outre-Manche, sont installés depuis longtemps et ne bougeront plus comme *shampooing* (p. 53) ou *camping* (p. 96). C'est encore plus vrai quand ils n'ont pas d'équivalent, comme *jogging* (p. 31). D'autres sont complètement francisés, comme *bifteck* (p. 54) ou vont jusqu'à cacher leur jeu comme *sport* (p. 110).

On trouve aussi des dictionnaires sur ce sujet comme le *Dictionnaire de franglais* (Guy Leprat éd.).

ça ne se dit pas...

... tout au moins sans précaution : les expressions et les mots dits « familiers ». Pour certains Français, ils sont habituels et deviennent naturels. Pour d'autres, ils sont choquants au point d'être vulgaires. C'est une question de circonstances : *Ça va les yeux ?* ou *Un peu dans l'épaisseur ?*, sont tout naturels dans la bouche d'un coiffeur (p. 53) ; *Y'a rien de mieux* est du langage parlé très courant (p. 37). Mais se méfier des mots et expressions notés p. 105. On risquerait de faire des gaffes en les employant sans discernement. A propos de ces « façons de parler », il existe aussi des gestes qui peuvent paraître vulgaires, voire grossiers. Attention : danger ! Un chercheur allemand a recensé plus de mille mots et expressions pour parler de l'ivresse et des ivrognes. C'est beaucoup pour un simple amateur. Jacques Cellard, chroniqueur du langage au *Monde*, réduirait la liste à environ 400. Il faut l'écouter et faire confiance à son *Dictionnaire du français non conventionnel*, publié par Hachette, qui ne compte que 6 000 mots, dont 51 pour désigner la tête. Un autre livre de chevet : *La méthode à Mimile*, d'Alphonse Boudard (Livre de Poche).

un gros mot

« C'est une question de circonstances » : par exemple, le mot *cul*. C'est, disent les dictionnaires, la partie postérieure de l'homme, de certains animaux et de certaines choses. Le mot ne gêne personne dans *cul-de-sac* (chemin sans issue), *cul-de-jatte* (invalide amputé de ses deux jambes), *cul-blanc* ou *cul-rouge* (espèces d'oiseaux), ni dans de nombreux mots de la même famille, dans leurs différents sens : *culot*, *culotte*, *culbute*, *acculer*, *basculer*, *bousculer*, *reculer*. Parfois le mot se hausse à des niveaux fort nobles : les architectes connaissent les *culs-de-four* et les *culs-de-lampe*. Mais, dans d'autres emplois, il descend au niveau familier : *faire cul sec* (vider son verre), faire une bouche en *cul de poule* (les lèvres arrondies).

Cf. *Les gros mots*, de Pierre Guiraud, aux P.U.F. (Que Sais-Je ?).

des petits mots

Ce sont d'abord des mots enfantins, qu'il est utile de comprendre : *bébé*, *bobo*, *caca*, *coco*, *dada*, *dodo*, etc., dont parfois les adultes font usage : tels *gogo* (homme crédule et niais) ou *nana* (un des mille et un mots populaires pour désigner une femme).

Ce sont encore un bon nombre de diminutifs économes, souvent lancés par les jeunes : *pub*, *télé*, *ciné*, *manif*, etc. à commmencer par le vieux *métro*, et le plus récent *rétro*. Beaucoup, plus ou moins naturellement, finissent ainsi en o : *macho* (phallocrate), *facho* (fasciste), *écolo* (écologiste). Tous ces mots restent au niveau familier.

Plus sérieux sont les sigles, le plus souvent expliqués dans l'ouvrage, de *RER* (p. 34) à *BD* (p. 120). Mais il est tentant d'essayer de « coller » bien des Français en leur demandant ce qu'est le *SMIC* (p. 122) ou la *SOFRES* (p. 101). Les sigles aussi ont leurs dictionnaires.

Voir le *Dictionnaire international des sigles*, d'Oleg Rongus.

les grands mots

Ils sont pensionnaires au Grand Hôtel imaginaire des p. 98, 99 : *amour*, *bonheur*, *fête*. On peut en ajouter quelques-uns comme : *économie*, *entreprise*, *nucléaire*, *occident*, *changement*, *ordinateur*, *pollution*. Ces mots appartiennent à ce qu'on peut appeler une mythologie contemporaine. Un dernier mot :

nouveau. Nouveau roman, nouveaux philosophes, nouveaux pères, et pourquoi pas... une nouvelle « lecture » de la France.

mots-outils

Les chercheurs sont d'accord pour estimer que 70 mots représentent à eux seuls 51 % de toute page de français. Les trois quarts sont des mots grammaticaux : *à, au, aux, ce, cet, cette, ces, de, du, des, elle, elles, en, et, eux, il, ils, je, me, moi, le, la, les, mon, ma, mes, ne, ne...pas, ne...que, notre, nos, nous, on, ou, où, que, qui, se, soi, son, sa, ses, -t-, ton, ta, tes, tu, te, toi, un, une, uns, unes, votre, vos, vous, y*. Et trente-cinq autres mots-outils : *aller, autre, avec, avoir* (v.), *bien, bon, comme, dans, deux, dire, donner, enfant, être, faire, femme, grand, homme, jour, leur, lui, mais, par, petit, plus, pour, pouvoir, prendre, sans, savoir, si, sur, tout, venir, voir, vouloir.*

S'assurer qu'on les possède bien.

prêt-à-monter (mais tout le monde dit « kit »)

Bicyclette : d'une racine grecque *cycl-*, cercle, roue
d'un préfixe latin *bi(s)*, deux
et un suffixe diminutif *ette*

-*cycl(e)*- : rapprocher de cyclone, de cirque, de circuler (revenir au point de départ comme notre sang, toujours en circulation).
bi(s)- : comme dans numéro 20 bis ; comme au théâtre quand le public demande à un acteur de recommencer ; comme dans biscuit (cuit deux fois) ; comme dans bilingue.
-*ette* : comme dans fourchette, petite fourche ; comme dans fillette, petite fille, qui s'appelle peut-être Antoinette ou Mauricette.

Pour en savoir plus, lire attentivement les définitions des dictionnaires. Attention tous les bi- n'annoncent pas des doubles.

prêt-à-porter

Locutions toutes faites comme celles-ci, relevées de page en page :
on aime ou on n'aime pas (p. 41), *plein comme un œuf* (p. 37), *on n'a que l'embarras du choix* (p. 50), *voir la vie en rose* (p. 55), *mettre l'eau à la bouche* (p. 57), *serrés comme des sardines* (p. 97), *à la fortune du pot, mettre les petits plats dans les grands* (p. 108).

Et, puisque « Un homme averti en vaut deux », pourquoi ne pas continuer ici la récolte ?

....

....

Voir le *Dictionnaire des Locutions idiomatiques françaises*, de Bruno Lafleur (Ed. Peter Lang).

MEMO ✉

se renseigner avant

Avant de s'engager définitivement avec une Agence de Voyage, pourquoi ne pas...

CONSULTER

les services culturels de l'Ambassade de France ou du Consulat de France les plus proches ?

INTERROGER

les représentants locaux d'organismes français comme :

— les Offices de Tourisme français à l'étranger,

— les Compagnies Air-France et Air-Inter,

— la Société Nationale des Chemins de Fer Français.

Au moins deux sur trois de ces organismes ont des bureaux dans les villes suivantes : Francfort-sur-le-Main, Bruxelles, Amsterdam, Londres, Zürich, Genève, Berne, Milan, Rome, New York, Chicago, Los Angeles, Dallas, San Francisco, Miami, Madrid, Barcelone, Tokyo, Montréal, Toronto, Vancouver, Copenhague.

ÉTUDIER LES CARTES

— De l'Institut Géographique National
136 bis, rue de Grenelle, 75700 Paris.
Service vente et édition : 107, rue La Boétie Ⓜ Saint-Philippe du Roule, ✆ 225.87.90.

74 cartes touristiques de la Série Verte
(1 : 100 000, 1 cm = 1 km).

16 cartes de l'environnement culturel et touristique de la Série Rouge (1 : 250 000, 1 cm = 2,5 km), avec France Routière complète au verso.

Et de nombreuses autres cartes : des environs des villes, des îles, des parcs naturels régionaux, des parcs nationaux, des forêts, des massifs montagneux (1 : 25 000) ou des Sentiers de Grande Randonnée (1 : 50 000).

— Michelin
série jaune (1 : 200 000) avec le relief
série rouge (1 : 1 000 000) pour les grandes routes.

— Taride
surtout pour Paris et la région parisienne.

ÉTUDIER LES GUIDES

— Touristiques : Michelin, *guides régionaux verts* ; Hachette, *Guides Bleus* ; Livre de poche.

— Gastronomiques (Restaurants, Hôtels).
Les plus écoutés : Michelin, Gault-Millau.

— Guides de Paris : *Paris Pas Cher* (de F. Hinsinger et B. Delthil M.A. Éditions), *Paris Mode d'Emploi* (Éditions Autrement), *Paris Pratique* (Gault-Millau), par exemple.

— Guides de province : *Le Guide des Villes d'Affaires* (Edinove) et les guides édités par certaines grandes associations (Gîtes ruraux, Logis et auberges. Voir plus loin : Se reposer - Dormir).

On trouvera également, chez les mêmes éditeurs et plusieurs autres, des guides plus spécialisés : guides artistique, littéraire, religieux, de la France dans les *Guides Bleus* ;

ÉCRIRE AUX SERVICES TOURISTIQUES FRANÇAIS SPÉCIALISÉS

► Secrétariat d'État chargé du Tourisme auprès du Ministère du Temps Libre : 17, rue de l'Ingénieur Robert Keller,
75740 Paris Cedex 15, ✆ 575.62.16, Ⓜ Charles-Michels.

► Office de Tourisme de Paris :
127, avenue des Champs-Élysées, 75008 Paris Ⓜ George-V ou Charles-de-Gaulle-Étoile, ✆ 723.61.72.

Y demander, entre autres brochures, les adresses des Maisons de Provinces à Paris, des Syndicats d'Initiative et des Offices de Tourisme locaux pour toute la France.

PRÉPARER UN SÉJOUR D'ÉTUDES FRANÇAISES

► Demander une excellente brochure de 190 pages sur le sujet : *Je vais en France.*

Elle contient des conseils pratiques pour les étudiants étrangers en vue d'un voyage ou d'un séjour d'études en France ; l'enseignement supérieur en France, l'enseignement du français ; adresses utiles.

Elle est éditée en 4 langues.

Elle ne coûte pas plus cher qu'un carnet de tickets RATP.

Elle s'obtient à l'étranger dans les services culturels des Ambassades ; en France à la Documentation Française, et par correspondance : 124, rue Henri-Barbusse, 93308 Aubervilliers Cedex.

À SAVOIR

► Trois bonnes adresses

— La Documentation française : 29/31, Quai Voltaire, 75370 Paris Cedex 07 Ⓜ Bac, ✆ 261.50.10. Demander le catalogue.

— Service d'Information et de Diffusion : 19, rue de Constantine, 75007 Paris. Ⓜ Invalides ✆ 555.92.93. Il édite en particulier un *Guide des guides* fournissant la liste de tous les documents d'information, le plus souvent gratuits, sur les rapports de chacun avec les services publics, particulièrement les Transports et le Tourisme.

— Centre d'information de la Mairie de Paris à l'Hôtel de Ville de Paris : 29, rue de Rivoli, Paris 4e Ⓜ Hôtel de Ville. Là encore les documents sont gratuits. ✆ 276.40.40.

► Un livre précieux : Le *Quid* de l'année par Dominique et Michel Frémy, 2 000 pages. Ed. Rob. Laffont.

entrer en France

LES PAPIERS PERSONNELS

► Une carte d'identité seulement (le passeport n'est pas nécessaire), si l'on vient d'un pays membre de la Communauté Économique Européenne (CEE) ou "Marché Commun" — Allemagne Fédérale, Belgique, Danemark, Grèce, Irlande, Italie, Luxembourg, Pays-Bas, Royaume-Uni — ou encore d'Espagne et de certains pays africains, pour une période de moins de 3 mois.

► Si l'on vient d'autres pays, se renseigner auprès de l'Ambassade ou du Consulat de France. Un visa peut être nécessaire.

LES PAPIERS POUR LE VÉHICULE

► D'après la loi française, tous les "véhicules terrestres à moteur" ainsi que les remorques, doivent être assurés.

RIEN A DÉCLARER ?

► Pour tout savoir sur le sujet, demander la notice d'information en huit langues (gratuite) : *Les douanes françaises vous souhaitent la bienvenue en France*, à la Direction Générale des Douanes : 182, rue Saint-Honoré, 75001 Paris, Ⓜ Tuileries, ✆ 260.35.90 ou se renseigner au Consulat ou à l'Ambassade de France.

D'une façon générale :

► Sont interdits à l'entrée en France les drogues et les stupéfiants, les contrefaçons en librairie, les armes.

► Sont autorisées, pour les voyageurs en provenance de certains pays, les marchandises suivantes :

	membres de la C.E.E.	non membres	hors Europe
cigarettes	300	200	400
cigarillos	150	100	200
cigares	75	50	100
tabacs	400 g	250 g	500 g
boissons à plus de 22° d'alcool	1,5 l	1 l	1 l
moins de 22°	3 l	2 l	2 l
parfums	75 g	50 g	50 g
eaux de toilette	37,5 cl	25 cl	25 cl

Les autres marchandises sont "à déclarer".

LE CONTRÔLE DES CHANGES

Pour les billets de banque étrangers, il est recommandé de faire une déclaration au-delà d'une valeur de 5 000 F, à présenter au départ de France. (Le maximum autorisé à la sortie étant — au-delà de la somme déclarée à l'entrée — de 5 000 F en devises françaises ou étrangères.)

ACHATS EN FRANCE

La taxe sur la valeur ajoutée (T.V.A.) peut être déduite du prix de certaines marchandises achetées. Se renseigner dans les bureaux de douane à l'aéroport, ou à la gare, ou au moment de l'achat dans la boutique ou le magasin annonçant la "vente en détaxe" ou "vente hors-taxe" *(Duty Free Shop).*

BIENVENUE EN FRANCE

Dans toutes les grandes gares internationales, dans tous les aéroports internationaux et les aérogares, à tous les postes frontières, un service d'accueil est toujours ouvert, facilement accessible.

► A Paris, la meilleure adresse est encore : l'Office de Tourisme, 127, Champs-Élysées Ⓜ Charles-de-Gaulle-Étoile ou George-V, ✆ 723.61.72. Noter aussi celle du Bureau d'accueil des étrangers de la Préfecture de Police, 12, rue Lambert, 18e Ⓜ Château-Rouge, ✆ 258.00.95, et celle du Service des étrangers, 7/9 boulevard du Palais, Paris 4e Ⓜ Hôtel-de-Ville, ✆ 260.33.22 -277.11.00 et 329.12.44.

► En province, demander le dépliant *Réservation-Loisirs-Accueil*, 17, rue de l'Ingénieur-R. Keller, 75740 Paris Cedex.

Les voyageurs de moins de 17 ans ne sont autorisés à transporter ni tabacs ni boissons alcoolisées.

Pour les voyageurs de moins de 15 ans, la valeur maximum des objets personnels dont le transport est autorisé est inférieure de moitié à la somme autorisée aux "plus de 15 ans".

S'adresser d'abord au Centre d'Information et de Documentation Jeunesse (CIDJ) 101, quai Branly, 75015 Paris, Ⓜ Bir-Hakeim, ✆ 566.40.20.

S'adresser aussi à des organismes comme le Foyer International d'Accueil de Paris (FIAP), 30, rue Cabanis, Paris 14e, Ⓜ Glacière, ✆ 589.89.15 ou au Centre Régional des Œuvres Universitaires et Scolaires, 39, avenue Georges-Bernanos, Paris 5e, Ⓜ Port-Royal, ✆ 229.12.43 et particulièrement, dépendant du CROUS, au Centre d'Accueil des étudiants étrangers, 8, rue Jean-Calvin, Paris 5e, Ⓜ Censier-Daubenton, ✆ 336.01.30 et 331.13.42.

Consulter l'annuaire des P. et T. à "Accueil", à "Centre", à "Foyer", à "Maison", particulièrement si ces mots sont accompagnés du mot "jeune" et du mot "international".

Demander au centre d'information de la Mairie de Paris (adresse ci-dessus) la brochure *Paris Accueille les Jeunes.*

Enfin, même si l'on n'est pas étudiant, le *Guide Annuel de l'Étudiant* (à acheter dans les kiosques) sera d'un grand secours.

sur la route

LES ROUTES FRANÇAISES ☆ 171

► Autoroutes : 5 000 km, toutes "à péage" — le prix du péage pouvant varier du simple au double. En moyenne, on y parcourt 10 km pour le prix d'un timbre-poste ordinaire. On y trouve des aires de repos, et des stations service tous les 10 à 15 km, un poste téléphonique tous les 2 km. La vitesse y est limitée à 130 km/heure. Un numéro utile : SVP Autoroutes ✆ 705.90.01.

► État des routes : téléphoner à "Inter Service Route" à Paris ✆ (01) 858.33.33.

► Itinéraires : prendre contact avec les différentes associations (voir ci-dessous).

► A savoir :
— priorité laissée, sur une route et dans une rue non protégée, au véhicule venant de la droite ;
— vitesse maximum sur route à 4 voies (non-autoroute) 110 km/h ; ailleurs : 90 km/h sauf limitation particulière.

LA VOITURE

Sont obligatoires — aux sièges avant : des ceintures de sécurité, pas d'enfant de moins de 10 ans ; — un rétroviseur extérieur ; — un triangle de sécurité à poser sur le sol en cas d'arrêt dangereux ; — des ampoules de rechange.

Recommandée : la coloration jaune des phares.

► Location
Voir pages jaunes de l'annuaire, à "Location de véhicules" et se renseigner dans les aéroports et les grandes gares.

Penser au système Location de voitures SNCF-TRAIN + AUTO à Paris, ✆ 261.50.50 (et 200 autres villes). Réservation gratuite au bureau central, 3, rue Bernouilli, 75008 Telex TRANOTO660828, Ⓜ Rome. La moins chère sera le plus souvent une Renault 4.

► Stationnement
Vérifier que la voiture ne se trouve pas "en stationnement interdit" ce qui peut entraîner une contravention (fam. "contredance") ou un "Procès-Verbal" (fam. "P.V."). Une voiture ainsi en infraction peut être enlevée par la police et mise "en fourrière". S'adresser alors au Commissariat de Police le plus proche. Le plus prudent est souvent de chercher un des Parcs de Stationnement publics ou privés (pour Paris, en demander la liste au Centre d'Information de l'Hôtel de Ville).

► Pannes et Dépannages, Accidents et Vols
Voir "Dépannage" dans l'annuaire Professions.

— En province demander l'aide de la Gendarmerie ou, dans les villes, de la police locale.

— A Paris le Service des Véhicules volés et accidentés se trouve 9, boulevard du Bois-le-Prêtre, 17e, Ⓜ Pte de Saint-Ouen, ✆ 229.10.16 et 263.06.93.

► Autostop
Allostop-Provoya : à Paris, 84, Passage Brady, 75010, Ⓜ Château-d'Eau, ✆ 246.00.66. Et nombreux correspondants en province.

Contacter aussi en province les "Centres d'Information Jeunesse" (CIJ), en général gratuits.

► Camping, caravaning. Contacter
— la *Fédération Française de Camping et de Caravaning* (FFCC) : 78, rue de Rivoli, 75004 Paris, Ⓜ Hôtel de Ville, ✆ 272.84.08,

— le *Camping-Club de France Caravane Club* :
218, bd St-Germain, Paris 75007, Ⓜ Bac, ✆ 548.00.03,

— le *Camping-Club International de France* :
22, avenue Victoria, 75001 Paris, Ⓜ Châtelet, ✆ 236.12.40.

N.B. La FFCC et Michelin publient un guide.

AUTOCARS ET CARS

Pour tout voyage en France par autocar, voir l'annuaire jaune à "Agences de Voyage". La SNCF, par exemple, dispose d'un grand nombre de "bureaux de tourisme", le plus souvent situés dans les gares. Il existe, dans toute la France, de nombreuses compagnies organisant, souvent avec le concours de la SNCF, des lignes régulières, parfois internationales. Se renseigner dans les gares ou à proximité des gares. Ils ont parfois une gare routière particulière.

Par exemple, une douzaine de lignes ont leur terminus à la gare routière internationale, 8, place Stalingrad, 75019 Paris, Ⓜ Stalingrad, ✆ 205.12.10.

LE VÉLO

► Un bon guide gratuit : *Vélo Cyclo Guide*, brochure de 156 pages, sur les précautions à prendre pour circuler en deux-roues, le bon état du véhicule, l'entretien, le respect de la signalisation. Le demander à la Direction des Routes et de la Circulation Routière, section des Relations Extérieures, 244, boulevard Saint-Germain, 75007 Paris, Ⓜ Solférino, ✆ 544.39.93. Adresse postale : BP 90, 75300 Paris-Brune.

► Deux grandes associations
— Pour toute location, *Bicyclub de France* : 8, place de la Porte de Champerret, Paris 75017, Ⓜ Pte-Champerret, ✆ 766.55.92
— Ne pas confondre avec la *Fédération Française de Cyclisme*, réservée à ceux qui font de la compétition, 8, rue Jean-Marie-Jégo, Paris 75013, Ⓜ Corvisart, ✆ 580.30.21.

La RATP organise des circuits à partir de certaines gares du RER (prix spécial pour étrangers). Renseignements au ✆ 346.14.14 ou à la SNCF.

A noter que le transport d'une bicyclette par la SNCF est gratuit à condition que son propriétaire se charge de la mettre dans le train au départ et de l'enlever à l'arrivée.

dans sous les rues

Chaque grande ville française a son réseau d'autobus et ses taxis. Paris, Lyon, Marseille, Lille ont aussi leur métro.

LA R.A.T.P.

► On trouvera gratuitement les plans de poche des réseaux RATP au service touristique 53 bis, Quai des Grands-Augustins, 75006 Paris, Ⓜ Saint-Michel, Pont-Neuf ou Odéon, ✆ de RATP-Information 346.14.14. Ces plans sont également disponibles aux terminus d'autobus, dans les bureaux d'information d'un grand nombre de stations de métro et assez souvent dans les autobus eux-mêmes.

► Principaux plans de poche :
— *Billet Paris-Sésame*, en 4 langues, spécialement conçu pour les touristes étrangers. Il donne en grand format (déplié 44 × 56 cm — plié 9 × 14 cm), un plan de Paris ; trois petits plans *(Métro, Autobus de Paris, À voir en banlieue)* ; toutes indications utiles sur le billet Paris-Sésame, spécial touristes valables 2, 4 ou 7 jours et plusieurs listes : points à voir à Paris, lignes touristiques d'autobus, autobus roulant après 20 h 30.

— *Paris Métro-Bus-RER*, en petit format (déplié 14 × 36 ; plié 9 × 14 cm) il donne un plan du métro, un plan des autobus parisiens, un plan du RER ainsi que la liste des stations de métro et celle des lignes d'autobus.

— A demander aussi un ou plusieurs "plans de poche" décrivant en détail ces lignes "qui vous font visiter Paris".

Autres plans utiles : *Paris Métro-Bus-RER* (grand format), *Bus Paris, Plan du Réseau* (grand format).

► Excursions accompagnées de guides-interprètes. Consulter les Services Touristiques de la RATP, Place de la Maeleine (côté Marché aux Fleurs, Ⓜ Madeleine, ✆ 265.31.18.

LES TAXIS

► Consulter
— L'annuaire Alphabétique à "Taxis (appel Taxi)" donne la liste des 120 bornes d'appel parisiennes. Chercher l'adresse la plus proche et téléphoner.

— L'annuaire Professions donne le numéro de téléphone des compagnies de Taxis-radio.

"ALLO-TAXI" ✆ 200.67.89. et 203.99.99. G7 RADIO ✆ 739.33.33. TAXIS RADIO ✆ 270.41.41. Certaines proposent un "téléphone de voiture".

► En cas de réclamation :
1) demander un bulletin de transport au chauffeur (vérifier que le numéro d'immatriculation est le bon),

2) adresser ce bulletin et une lettre détaillée au Service des taxis de la Préfecture de Police, 36, rue des Morillons, 75732 Paris Cedex 15, Ⓜ Convention, ✆ 531.14.80.

l'avion

ALLER À ROISSY-CH. DE GAULLE OU À ORLY

A. Gare d'Austerlitz
B. Porte de Bagnolet
C. Porte de la Chapelle
Ch. Châtelet-Les Halles
D. Place Denfert Rochereau
E. Gare de l'Est
In. Terminal-Invalides
I. Porte d'Italie
Iv. Porte d'Ivry
Mt. Terminal Porte Maillot
Na. Place de la Nation
N. Gare du Nord
O. Porte d'Orléans
Q. Gare du Quai d'Orsay
SM. Gare Saint-Michel
Autoroute
ligne B du RER
ligne C du RER
et autres gares

Par quel moyen ?	D'où?	Départs toutes les (en mn)	Quand ?	Durée du trajet (en mn)
Orly Ouest et Sud (à 14 km)				
Autoroute A6	O.I.			30 à 60
Cars Air France	In.	10	5 h 50-23 h	35
Bus RATP : 215	D.	15 à 20	6 h 05-21 h	25
		30	21 h -23 h	
mais aussi 285	I.			
183 A	Iv.			
Trains + Bus	In. Q.	15	5 h 30-21 h	
Orly-Rail				35
	SM. A.	30	21 h -22 h 47	
ligne C du RER (vers Orly Sud)				
Roissy-Charles de Gaulle à 25 km				
Autoroute A1	C.			
A3	B.			
Cars Air France	Mt.	15	5 h 45-23 h	30
Bus RATP : 350	E.N.	15	5 h 30-22 h 55	50
351	Na.	30	6 h -20 h 30	40
Trains + Bus	D. Ch.	15	5 h 30-23 h 30	35
Roissy-Rail	N.			
ligne B du RER				

Une correspondance est assurée par les cars Air-France entre Roissy-Charles de Gaulle et Orly-Ouest - Orly-Est, toutes les 20 mn, entre 6 h et 23 h.

AVIONS D'AFFAIRES

► Le troisième aéroport ? C'est celui du BOURGET à 15 km au nord. Il est réservé aux avions "d'affaires", ou Avions-Taxis (voir l'annuaire Professions à ce mot).

Autoroute : A1. Bus : 152, 350. Train : Gare du Nord.

On peut prendre aussi un car d'Air France à *Mt.* ou à *I.*

AIR INTER

VOLS BLEUS, VOLS BLANCS, VOLS ROUGES D'AIR-INTER

Voir l'Indicateur horaire d'AIR-INTER et sa feuille de tarifs de l'année. ☆ 195

numéro dans la colonne du vol	couleur du vol	plûtot pour qui?	quand ont-ils lieu?	Combien Coûtent-ils?
5	BLEU	tout le monde, surtout les touristes	surtout entre	40 à 57 % moins cher
6	BLANC	tout le monde, surtout les enfants, les familles, les couples	9 h et 16 h 30	réduction de 18 à 36 %
7	ROUGE	les hommes d'affaires	7 à 9 h 16 h 30 à 20 h 30	plein tarif mais abonnement —30 %

► Pour toutes les autres compagnies françaises et étrangères, consulter l'annuaire Professions à "Transports aériens". La principale compagnie française après "Air France" et "Air-Inter" est "Touraine Air Transport".

► Les grandes villes françaises ouvertes aux lignes internationales : Nice, Bordeaux, Lyon, Marseille, Montpellier, Mulhouse, Nantes, Strasbourg.

RENSEIGNEMENTS

Aéroport de Paris

► Pour tous "renseignements-voyageurs" concernant les horaires (départs et arrivées), téléphoner à
Roissy-Charles-de-Gaulle ✆ (1) 862.22.80
Orly ✆ 884.32.10.

Tous les abonnés sur les aéroports (Services, Compagnies aériennes, hôtellerie, restauration, etc.) ont un numéro d'appel direct qui peut être donné par le standard : à Roissy ✆ 862.12.12, à Orly ✆ 884.52.52, au Bourget (en particulier pour les "Avions d'Affaires") ✆ 862.12.12.

► Pour tout autre renseignement concernant Air-France, Air-Inter et autres compagnies françaises, voir l'annuaire Alphabétique.

La principale agence d'Air France se trouve :
119, Champs-Élysées, 75757 Paris Cedex 08, Ⓜ George-V. ✆ 323.81.81.
Renseignements et réservation : ✆ 535.61.61 et 535.66.00.

Air-Inter a plusieurs agences à Paris, l'Agence Étoile est 4, rue de Chateaubriand, 8e. Réservation et renseignements ✆ 539.25.25.

La plupart des bureaux des grandes compagnies étrangères se trouvent dans le quartier des Champs-Élysées ou dans celui de l'Opéra.

le train

► Consulter le plus récent *Guide Pratique du Voyageur* (24 pages). Au besoin se le faire envoyer en écrivant à SNCF, BP 23409, 75436 Paris Cedex 09.

► Renseignements. Central : ✆ 261.50.50.
Principales gares parisiennes : Austerlitz ✆ 584.16.16, Est ✆ 208.49.90, Lyon ✆ 345.92.22, Montparnasse et Saint-Lazare ✆ 538.52.29, Nord ✆ 280.03.03.

► Pour la réservation, le Train-Autos accompagnées, les bagages, la location de voitures : voir l'annuaire Alphabétique.

► Principales fiches et brochures à demander dans les gares SNCF, les bureaux d'information SNCF et les agences de voyages :

— Le calendrier *Voyageurs* de l'année (couples, familles, carte Vermeil, Séjour groupes) ;
— Fiches horaires diverses ;
— Trains d'Affaires ;
— France-Vacances (forfait de transport valable 7 jours, 15 jours ou 1 mois destiné à toute personne résidant à l'étranger) ;
— Trans Europ Express (TEE) (les horaires des grands trains français et internationaux) ;
— Trans Europ Nuit (TEN) ;
— Trains-Autos-Couchettes ;
— les brochures : *Train + hôtel, Voyages en France et dans le monde, Train + vélo, Train + croisière.*
— Brochures sur les Trains touristiques comme :
  • *Alpazur* entre Genève et Nice par les Alpes et la Provence,
  • *le Cévenol* entre Paris et Marseille par le Massif Central,
  • *Eurailpass* : si l'on réside hors d'Europe ou d'Afrique du Nord, voyages illimités en 1re classe,
  • *Eurail youthpass* : de même, mais en 1re et 2de classes et pendant un ou deux mois, dans 16 pays dont la France,
  • *Inter-rail* : voyage à demi-tarif dans votre pays et gratuitement dans 20 pays dont la France (pour 2 ou 3, il faut avoir moins de 26 ans).

SPÉCIAL JEUNES

Savoir aussi que les enfants de moins de 4 ans voyagent gratuitement, et les enfants de 4 à 10 ans paient moitié prix.

le bateau

► Sur la Seine

Bateaux Mouches, Quai de la Conférence 8e, départ du pont de l'Alma, Ⓜ Alma-Marceau, ✆ 225.96.10.

Vedettes Paris-Tour-Eiffel, Port la Bourdonnais 7e, Pont d'Iéna Rive gauche, Ⓜ Iéna, ✆ 551.33.08.

Vedettes du Pont-Neuf, Square du Vert-Galant 1er, Ⓜ Pont-Neuf, ✆ 633.98.38.

Vedettes de Paris, Quai Montebello 5e, Ⓜ Maubert-Mutualité, ✆ 326.92.55.

► Sur les rivières et canaux :

Un bon guide gratuit : *le Tourisme fluvial en France* (informations sur les dimensions admises pour les bateaux, les formalités, les règles de sécurité, les adresses utiles). Le demander au Ministère des Transports, sous-direction des voies navigables, division exploitation, 244, boulevard Saint-Germain, 75007 Paris, Ⓜ Solférino, ✆ 544.39.93.

manger - boire

► Les Guides

Lire les descriptions, les appréciations et les conseils des guides gastronomiques. A titre d'exemple, et pour ne citer que les restaurants parisiens placés en tête de liste à la fois par les grands guides : Le Grand Véfour, La Tour d'Argent, Lasserre.

► A l'Office de Tourisme, à Paris comme en province (interroger aussi le Syndicat d'Initiative), demander la liste locale.

Par exemple, celle que publie *la Fédération Nationale de l'Industrie Hôtelière*, 22, rue d'Anjou, 75008, Ⓜ Madeleine, ✆ 265.04.61 ou le *Syndicat National des restaurateurs*, 4, rue de Gramont, 75002, Ⓜ 4-Septembre, ✆ 296.60.75.

Ne pas oublier les restaurants membres de la chaîne des Relais Routiers, de bonne qualité, à prix raisonnables. Demander le Guide, 6, rue d'Isly, 75008 Paris, Ⓜ Saint-Lazare, ✆ 387.61.68.

SPÉCIAL JEUNES

L'Office de Tourisme de Paris donne la liste des restaurants universitaires parisiens. Voir aussi la brochure *Paris Accueille les Jeunes* du Centre d'Information de la Ville de Paris (cf. 189).

se reposer - dormir

▶ Voir les Guides cités p. 172 et les Services d'Accueil p. 175.

LES ASSOCIATIONS

A l'Office de Tourisme de Paris demander, en particulier, les brochures et dépliants publiés par :

— *la Fédération Nationale des Logis de France*, 25, rue Jean-Mermoz, 8ᵉ, Ⓜ Franklin-Roosevelt, ✆ 359.91.99 et 359.86.67,

— *la Fédération Nationale des Gîtes Ruraux de France*, 35, rue Godot-de-Mauroy, 9ᵉ, Ⓜ Madeleine, ✆ 742.25.43.

— *Relais et Châteaux*, Hôtel de Crillon, 10, place de la Concorde, 75008 Paris, Ⓜ Concorde, ✆ 742.00.20.

CHOISIR SON HÔTEL

Le confort dépend du nombre d'étoiles	★	★★	★★★	★★★★	★★★★L
l'eau courante chaude et froide au lavabo	★	★	★	★	★
une douche	☆	★	★	★	★
un bidet	∅	☆	★	★	★
une baignoire	∅	☆	★	★	★
un W.C. dans la chambre	∅	☆	☆	★	★
le téléphone intérieur	∅	☆	☆	★	★
le téléphone extérieur	∅	∅	∅	☆	★
la radio	∅	∅	∅	☆	★
la télévision	∅	∅	∅	☆	★
un bar privé	∅	∅	∅	☆	★
l'ascenseur	☆	★	★	★	★

★ = oui toujours
☆ = oui le plus souvent
∅ = non

Tous ces hôtels sont classés ou "homologués" par le gouvernement qui les a fait examiner pour vérifier qu'ils obéissent aux nouveaux règlements (NN = Nouvelle Norme) "Hôtels de tourisme".

▶ Quelques conseils :

— Réserver par écrit aussi longtemps d'avance que possible. L'hôtelier demandera peut-être de verser une avance (des arrhes).

— Arriver à l'hôtel avant 19 h ou, mieux, avant 18 h, sinon la chambre réservée sera à nouveau "vacante".

— Penser aux Syndicats d'Initiative qui partout se chargeront de diriger le touriste sur l'hôtel de ses goûts. Écrire d'avance ou téléphoner au début de l'après-midi, au plus tard.

— Comprendre si le petit déjeuner est... "compris" dans le prix de la chambre. Ce n'est pas obligatoire. Ce sera presque toujours un déjeuner à la française : café, thé ou chocolat, un croissant et/ou un petit pain, du beurre et de la confiture. Il peut être facilement servi dans la chambre.

— Choisir entre la "pension complète" (les trois repas au restaurant de l'hôtel en plus de la nuit) et la "demi-pension" (petit déjeuner plus un repas seulement, le plus souvent le dîner).

— Quitter la chambre avant midi.

► Pour garder un bon souvenir :

— Regarder les tarifs qui doivent être affichés à la réception comme dans la chambre.

— Demander la note assez tôt pour avoir le temps de la détailler, avant de la régler. Les suppléments (notes de téléphone, blanchissage, etc.) doivent être comptés à part.

► Les "A.J."

— *Fédération unie des Auberges de Jeunesse*, 6, rue Mesnil, 75116 Paris, Ⓜ Victor-Hugo, ✆ 261.84.03.

— *Ligue française des Auberges de Jeunesse*, 38, boulevard Raspail, 75007 Paris, Ⓜ Bac, ✆ 548.69.64.

— ou une association comme *Union des Centres de rencontres internationales de France*, 20, rue J.-J.-Rousseau, 75001 Paris, ✆ 236.88.18.

► L'accueil gratuit dans une famille française :

— *A.F.S. - Vivre sans frontière* 69, rue de Rochechouart, 75009 Paris, Ⓜ Cadet ou Anvers, ✆ 285.04.64. (Deux possibilités : l'accueil pour l'été ou pour l'année scolaire.)

— *ECIJ* (Échange Chrétien International de Jeunes scolaires). Association liée à *YMCA* (Young Men's Christian Association, États-Unis), 5, place de Vénétie, 75013 Paris, Ⓜ Italie, ✆ 583.24.97.

► Hôte payant :

— *Accueil familial des jeunes étrangers*, 23, rue du Cherche-Midi, 75006 Paris, Ⓜ Croix-Rouge, ✆ 222.50.34.

— *Amicale Culturelle Internationale*
27, rue Godot-de-Moroy, 75009 Paris, Ⓜ Madeleine, ✆ 742.94.21.

— *Amitié mondiale*
39, rue Cambon, 75001 Paris, Ⓜ Concorde, ✆ 260.99.68.

— *Association Culturelle franco-allemande pour la Jeunesse*
22 bis, rue du Pont-Louis-Philippe, 75004 Paris, Ⓜ Pont-Marie, ✆ 271.22.60.

— *Relations Internationales* 20, rue de l'Exposition, 75007 Paris, Ⓜ École Militaire, ✆ 551.85.50.

— *Vacances-Jeunes* 67, rue de Rome, 75008 Paris, Ⓜ Europe, ✆ 292.29.29.

► Jeune fille au pair :
Attention! Demander des garanties quant au temps de travail, au confort, à l'argent de poche, etc.

S'adresser aux organismes cités ci-dessus et aussi à :
— *Alliance Française*, 101, boulevard Raspail, 75006 Paris, Ⓜ Saint-Placide, ✆ 544.38.28.
— *Institut Catholique*, 21, rue d'Assas, 75006 Paris, Ⓜ Saint-Placide, ✆ 222.41.80.
— *Goélangues*, 75, rue d'Amsterdam, 75009 Paris, Ⓜ Europe, ✆ 526.14.53.

▶ Échanges :

— Allemagne/France : *Association Culturelle franco-allemande pour la Jeunesse* (citée plus haut)
— Grande-Bretagne/France : *Centre Culturel de Grande-Bretagne*, 9, rue de Constantine, 75007 Paris, Ⓜ Invalides, ✆ 555.54.99.

visiter

▶ Musées et monuments de Paris et de la région parisienne.

Demander, au centre d'information de la Mairie de Paris, 29, rue de Rivoli, Ⓜ Hôtel de Ville, ✆ 276.40.40, les brochures descriptives détaillées sur les Musées et Monuments de Paris et de l'Ile de France et sur les possibilités de visites-conférences.

— Les revues hebdomadaires spécialisées comme *Pariscope* ou *l'Officiel des Spectacles*, ou même les quotidiens, donnent des informations sur les expositions temporaires et les droits d'entrée.

— Pour obtenir des renseignements plus précis, téléphoner en ce qui concerne
les Musées Nationaux au ✆ 544.40.41, poste 16,
les Monuments Historiques au ✆ 887.24.14 (Hôtel de Sully, 62, rue Saint-Antoine, 75004 Paris, Ⓜ Bastille).

▶ Musées et monuments de province.

Voir les Guides Touristiques (p. 172), les offices de Tourisme régionaux, les Syndicats d'Initiative locaux.

De même demander le calendrier des manifestations pour les spectacles *Son et Lumière*, les salons et Festivals.

SPÉCIAL BEAUBOURG

▶ Où ? Comment ?

— Par le métro : stations Hôtel de Ville, ou Rambuteau, ou Châtelet/RER (voir aussi p. 28-29) ;
— Par l'autobus ; lignes 21, 29, 38, 47, 58, 67, 69, 70, 75, 76, 81, 85, 86 (voir aussi p. 30) ;
— En voiture, il y a, tout près, un immense parking, mais pourquoi pas à pied? Des rues piétonnes ont été ouvertes dans tout ce quartier des Halles.

▶ Quand ?

Le Centre est ouvert tous les jours sauf le mardi, de 12 h à 22 h, le samedi et le dimanche à partir de 10 h. L'entrée est libre.

pour dépenser

LES BANQUES

► Banques françaises spécialement préparées à recevoir les étrangers dans les agences suivantes :

— *B.N.P.* (Banque Nationale de Paris), 2, boulevard des Italiens, 9e, Ⓜ Opéra, ✆ 244.45.56, ouvert le samedi matin.

— *Crédit Lyonnais*
19, boulevard des Italiens, 2e, Ⓜ Opéra, ✆ 295.31.00.

— *Société Générale*
29, boulevard Haussmann, 9e, Ⓜ Chaussée-d'Antin, ✆ 266.45.40 ouvert le samedi matin.

► Banques étrangères à Paris comme :
— *American Express*
11, rue Scribe, 9e, Ⓜ Auber, ✆ 266.09.99.

Pour les autres, voir l'annuaire jaune Professions.

► Banques ouvertes plus tard que la normale (16 h 30 et le samedi) :
— *BRED* (Banque Régionale d'Escompte et de Dépôt) - Toutes les agences ouvertes jusqu'à 18 h. Beaucoup sont fermées le lundi et ouvertes le samedi : Agence Samaritaine Ⓜ Pont Neuf : ouverte jusqu'à 18 h 30. - Agence Drugstore Opéra Ⓜ Opéra : ouverte jusqu'à 20 h et le dimanche en bureau de change uniquement.

— *C.C.F.* Crédit Commercial de France, Agence Élysées, 103, Champs-Élysées, 8e, Ⓜ George-V, ✆ 720.92.00 : ouverte tous les jours sauf dimanche de 8 h 30 à 20 h.

— *Crédit Lyonnais*
Agence Élysées, 55, Champs-Élysées, Ⓜ F.D.-Roosevelt, ✆ 276.51.81 : ouverte le samedi de 9 h à 11 h 30.

Beaucoup de banques disposent de distributeurs automatiques de billets.

Voir aussi les Bureaux de change de la Gare de l'Est ✆ 206.51.97, de la Gare Saint-Lazare ✆ 387.72.51 et de la Gare du Nord ✆ 280.11.50, ouverts de 7 h à 21 h 30.

LOUER PLUTÔT QU'ACHETER ?

Voir l'annuaire jaune Professions à "Location".

On peut presque tout louer. En dehors des automobiles, des caravanes, des bateaux ou des vélos quelques idées : tous les appareils, de photo, caméras, magnétophones, magnétoscopes, radio, télévision, etc. ; tous les vêtements, costumes, fourrures et uniformes, tous styles, toutes époques, tous les instruments de musique, tous les meubles (y compris les lits), toutes les machines y compris les ordinateurs ; tous les matériels et tous les outils et presque toutes les plantes.

aller au spectacle

LES PROGRAMMES

Voir les programmes et les heures dans tous les quotidiens, hebdomadaires et journaux spécialisés *(Pariscope - L'Officiel des Spectacles)*.

On peut aussi consulter par téléphone le service Paris-sélection-Loisirs de l'Office de Tourisme ✆ 720.94.94 (en français) ; ✆ 720.88.98 (en anglais).

Ou le service du *Monde*, ✆ 704.70.20 et 727.42.34.

Pour louer sa place au théâtre ou au concert, voir l'annuaire Professions à "Agences de Location".

France-Musique Service donne les programmes des concerts et festivals organisés par "France-Musique".

D'une façon générale et valable pour toute la France, demander à l'Office de Tourisme la brochure *La France en Fête*, publiée par le Secrétariat d'État chargé du Tourisme, qui donne pour l'année en cours le calendrier de toutes les manifestations, les foires internationales, les salons, les expositions d'art, les festivals.

► Cinéma

Se renseigner sur les tarifs spéciaux du lundi et de certains après-midis accordés aux étudiants et aux personnes du "3e âge".

SPÉCIAL JEUNES

Cinémathèque française.

Salle Chaillot, Palais de Chaillot, 16e, Ⓜ Trocadéro, ✆ 704.24.24. Fermée le lundi.

Salle Beaubourg, 120, rue Saint-Martin, 4e, Ⓜ Rambuteau, ✆ 278.35.57. Fermée le mardi.

Dans les deux salles : tarifs réduits pour les moins de 25 ans (et les plus de 65).

Combien coûterait...

- une soirée au théâtre ? de 50 à 200 francs
  Ne pas oublier le programme (au minimum 20F)
  ni les pourboires au vestiaire et à l'ouvreuse
  (au moins 5F)
- au cinéma ? de 25 à 30F
  - le taxi de retour à l'hôtel : entre 50 et 100F
  - par le métro ou l'autobus : moins de 5F
  (le carnet de 10 tickets = 24F)
- le dîner - Menu du Jour - 40 à 50F minimum
  (avec une bouteille de bon vin : 30F en plus)
- le journal ? un quotidien 4F
  un hebdomadaire 10 à 15F
- l'hôtel ? à Paris en ☆☆ : 200 à 250F la nuit
  avec le petit déjeuner -
  250 à 300F en demi-pension -
- une communication téléphonique de 3 mn :
  Londres 11F — New-York 45F — Nice 9F

communiquer

LES PRINCIPAUX CENTRES ÉTRANGERS À PARIS

Adresses des Ambassades et des Centres culturels.

► **Allemagne Fédérale**

— 13-15, avenue Franklin-Roosevelt, 8e, Ⓜ F.D.-Roosevelt, ✆ 359.33.51.

— *Gœthe Institute*, 17, avenue d'Iéna, 16e, Ⓜ Iéna, ✆ 723.61.21.

— *Expositions et centre d'information*, 31, rue de Condé, 6e, Ⓜ Odéon, Ⓜ Luxembourg, ✆ 326.09.21.

► **Belgique**

— 9, rue de Tilsitt, 17e,Ⓜ Charles-de-Gaulle-Étoile, ✆ 380.61.00.

— *Centre Culturel de la Communauté de Belgique*, 127-129, rue Saint-Martin, Ⓜ Châtelet, ✆ 271.26.16.

► **Pays-Bas**

— 7, rue Eblé, 7e, Ⓜ Duroc, ✆ 306.61.88.

— *Centre Culturel néerlandais*, 121, rue de Lille, 7e, Ⓜ Chambre des Députés, ✆ 705.75.99.

► **Grande-Bretagne**

— 35, rue du Faubourg Saint-Honoré, 8e, Ⓜ Concorde, ✆ 266.91.42.

— *British Council*, 9, rue de Constantine, 7e, Ⓜ Invalides, ✆ 555.54.99 et 555.71.99.

► **Suisse**

— 142, rue de Grenelle, 7e, Ⓜ Bac, ✆ 550.34.46.

► **Italie**

— 47, rue de Varenne, 7e, Ⓜ Varenne, ✆ 544.38.90.

— *Institut Culturel Italien*, 50, rue de Varenne, 7e, Ⓜ Varenne, ✆ 222.12.78.

► **États-Unis**

— 2-4, avenue Gabriel, 8e, Ⓜ Concorde, ✆ 296.12.02.

— *Centre Culturel Américain*, 3, rue du Dragon, 6e, Ⓜ Odéon, ✆ 222.22.70.

— *Centre franco américain*, 1, place de l'Odéon, Ⓜ Odéon, ✆ 634.16.10.

► **Espagne**

— 13, avenue George-V, 8e, Ⓜ George-V, ✆ 723.61.83.

— *Office culturel*, 11, avenue Marceau, 16e, Ⓜ Alma-Marceau, ✆ 720.83.45.

► **Japon**

— 7, avenue Hoche, 8e, Ⓜ Charles-de-Gaulle-Étoile, ✆ 766.02.22.

► **Canada**

— 35, avenue Montaigne, 8e, Ⓜ F.D.-Roosevelt, ✆ 723.01.01.

— *Centre culturel du Canada*, 5, rue de Constantine, 7e, Ⓜ Invalides, ✆ 551.35.73.

— *Service culturel de la délégation générale du Québec*, 117, rue du Bac, 7e, Ⓜ Sèvres-Babylone, ✆ 222.50.60.

LES JOURNAUX

► Quotidiens

— En chiffres ronds, au début des années 80, le nombre des titres pour les quotidiens d'information générale était de 100 (en diminution constante) ; le tirage total - nombre d'exemplaires imprimés - était de 10 000 000 pour les journaux de Paris et 1 500 000 pour les provinciaux. Le nombre d'exemplaires pour 1 000 habitants était de 200.

— Le quotidien le plus diffusé (nombre de numéros vendus) était un quotidien de province : *Ouest-France* (environ 700 000). La diffusion des principaux quotidiens de Paris était, dans l'ordre : *Le Monde, France-Soir* (environ 450 000), *Le Matin, Le Parisien Libéré, Le Figaro* (entre 300 et 350 000).
Mais certains quotidiens ont un nombre de lecteurs quelquefois très supérieur : *Le Monde* : 1 500 000 ; *Le Matin, Le Parisien, France-Soir* : 1 000 000 ; *Le Figaro* : 800 000.

France-Soir se vend presque entièrement au numéro, *Le Monde* et *Le Figaro* sont vendus pour 25 % par abonnement. *Le Monde* est le journal français le plus diffusé à l'étranger : 100 000 ex.

► Périodiques (hebdomadaires, mensuels, etc.).

Le plus répandu (programmes de radio et de télévision) : *Télé 7 jours* : (10 millions de lecteurs). Viennent ensuite des hebdomadaires illustrés comme *Paris-Match* ou *Jours de France*. Puis des magazines familiaux et féminins, comme les mensuels *Modes et Travaux, Marie-Claire* ou *Marie-France* (plus de 3 millions de lecteurs) ou les hebdomadaires *France-Dimanche, Ici-Paris, Femmes d'aujourd'hui, Elle, Nous Deux, Modes de Paris* (plus de 2 millions). Les hebdomadaires politiques les plus lus (plus de 2 millions de lecteurs) sont *l'Express, Le Point, Le Nouvel Observateur, V.S.D.* Prix : voir page 187.

RADIO ET TÉLÉVISION

Radio-France Maison de la Radio, 116, avenue du Président-Kennedy, 16e, Ⓜ Passy
(service de presse et relations publiques) ✆ 230.29.07.
Radio France Internationale, ✆ 230.30.71.

Pour joindre France-Inter, France-Culture, France-Musique, voir annuaire Alphabétique. De même pour Europe n° 1, R.T.L., Radio Monte-Carlo.

Pour les autres radios dites "privées", et pour connaître les programmes, en plus des quotidiens et magazines, consulter : *Télé 7 jours, Télé Poche, Télérama.*

LA POSTE

► *Passeport des PTT français.*
Demander cette brochure gratuitement dans les bureaux de poste, les agences de tourisme. Elle contient les renseignements de base (en 5 langues) sur le fonctionnement des PTT.

► A Paris, comme en province, les bureaux des P et T (Postes et Télécommunications) sont ouverts de 8 h à 19 h, du lundi au vendredi, et de 8 h à 12 h le samedi.

— Au 71, avenue des Champs-Élysées, Ⓜ Franklin-Roosevelt, ✆ 359.55.18, un bureau est ouvert aussi le dimanche de 10 h à 12 h et de 14 h à 20 h, pour le téléphone, le télégraphe et les timbres.

— A l'aéroport d'Orly, trois bureaux ouvrent plus tôt et ferment plus tard que les autres ainsi qu'à Roissy-Charles-de-Gaulle.

— La Poste Centrale, 52, rue du Louvre, Ⓜ Halles, ✆ 233.71.60, est ouverte tous les jours, 24 h sur 24. Vous y trouverez les annuaires de presque toute l'Europe et plusieurs guichets pour les timbres de collection.

— Télégrammes téléphonés : en France ✆ 444.11.11, pour l'étranger en anglais ✆ 233.21.11, autres langues ✆ 233.44.11.

► En province, en dehors des bureaux de poste, on peut déposer son courrier dans une des nombreuses boîtes à lettres jaunes, souvent à côté des bureaux de tabac, parce qu'on y trouve des timbres, pour affranchir lettres et cartes postales. Faire attention aux "levées" (heures de ramassage).

Pour écrire à l'étranger, utiliser des "aérogrammes".

On peut faire envoyer les télégrammes par téléphone.

Enfin si l'on a plus de 18 ans, et... son passeport sur soi, on peut faire adresser son courrier "Poste Restante" à la Poste principale de l'arrondissement pour Paris ou de la ville de province où il sera gardé 15 jours. Il sera remis en échange d'une petite taxe.

Note : à Paris et sa proche banlieue existe aussi un service spécial d'envoi rapide des lettres par pneumatique. Se renseigner au guichet.

LE TÉLÉPHONE

Pour tout savoir :
Consulter les Bottins et les annuaires. Il y en a trois pour Paris : "Alphabétique", "Rues" et "Professions".

► Communications internationales
Par voie automatique, décrocher, attendre la tonalité, faire le 19, attendre la tonalité, faire l'indicatif du pays, puis l'indicatif de zone et enfin, le numéro du correspondant.

Les principaux indicatifs de pays sont :

Allemagne Fédérale :	49	Italie :	39
Belgique :	32	États-Unis :	11
Pays-Bas :	31	Espagne :	34
Grande-Bretagne :	44	Japon :	81
Suisse :	41	Canada :	11

► A savoir
4 tarifs selon l'heure : le *rouge*, au prix fort, appliqué en semaine de 8 h à 18 h ; le *blanc*, donne droit à 30 % de réduction entre 18 h et 21 h 30 ; avec le *bleu* c'est moitié prix jusqu'à 23 h et entre 6 h et 8 h ; enfin, avec le *bleu nuit*, tarif réduit de 70 % entre 23 h et 6 h.

► Numéros utiles à Paris
(pour la province voir l'annuaire local à la première page de chaque ville importante)

— Police secours : 17

— Pompiers : 18

— SOS Amitié ✆ 621.31.31 - 364.31.31 - 723.80.80
(SOS *HELP* en anglais).

— La Météo ✆ 555.91.90.

— Loisirs, Tourisme ✆ 720.94.94, 720.88.98 (en anglais) et 720.57.58 (en allemand).

— Informations téléphonées ✆ 463 1.

— Cours du jours des produits alimentaires ✆ 567.13.22
— L'heure exacte ✆ 699.84.00 ("L'horloge parlante").
— Réveil ✆ 688.71.11.
— Objets trouvés ✆ 531.14.80.
— RATP ✆ 346.14.14.

santé

NUMÉROS ET ADRESSES À CONNAÎTRE

— *SAMU* (Service d'Aide Médicale Urgente) ✆ 567.50.50.
— *SOS Médecins* - visites dans les départements 75 - 92 - 93-94, ✆ 337.77.77 et 707.77.77.
— *SOS Dentaire* ✆ 337.51.00.
— Permanence du service de garde des généralistes ✆ 542.37.00
— *Empoisonnement*, Hôpital Fernand-Widal ✆ 205.63.29.
— *Brûlures*, Hôpital Saint-Antoine ✆ 344.33.33, Hôpital Cochin ✆ 234.12.12, Hôpital Foch ✆ 772.91.91.
— En cas de disparition d'une personne, pour se renseigner sur son éventuelle hospitalisation : ✆ 277.11.22.
— Hôpital international de Paris, Cité universitaire, 42, boulevard Jourdan, Ⓜ Cité universitaire, ✆ 589.47.89.
— Hôpital Américain de Paris, 63, boulevard Victor-Hugo, 92202 Neuilly-sur-Seine, Ⓜ Sablons, ✆ 747.53.00.
— Hôpital Britannique de Paris, 48, rue de Villiers, 92300 Levallois, Ⓜ Anatole-France, ✆ 758.13.12.
Consulter l'annuaire Alphabétique pour tous les autres SOS.

PHARMACIES

— Une quinzaine restent ouvertes jusqu'à minuit (voir annuaire Professions, à ce mot), plusieurs jusqu'à 2 h du matin, en particulier celles des Drugstores :
— Multistore - Hachette - Opéra 9e, Ⓜ Opéra, ✆ 265.83.52.
— Champs-Élysées : 133, avenue des Champs-Élysées, 8e, Ⓜ George-V, ✆ 720.94.40 et 723.54.34.
— Saint-Germain : 149, boulevard Saint-Germain, 6e, Ⓜ Saint-Germain-des-Prés, ✆ 222.92.50.

SPORTS

— Voir l'annuaire Alphabétique à "Fédération"... selon le sport concerné ; voir aussi à "Piscines", "Stades", "Gymnases" ✆ 277.15.50.
— Demander, à la mairie de Paris le *Guide des sports : où jouer à Paris ?*
...et pour la "santé de l'âme" consulter le même annuaire à "Église". Il y a plus de 100 adresses depuis "l'Église Adventiste du 7e jour", jusqu'à "l'Église Vieille Catholique Union d'Utrecht".

Table des illustrations

Les illustrations sont de Catherine Faure et les B.D. de Michel Duveaux. Les illustrations de la boutique langue sont de Maja. L'atlas a été dessiné par Vincent Mercier. La couverture a été réalisée par Jean-Louis Leibovitch.

Imprimé en France par OFFSET-AUBIN à Poitiers.
D.L. décembre 1985. Edition : 7734. Imprimeur, n° P 13812

Atlas

L'Europe
La France : liaisons aériennes, réseau SNCF
« Douce France »
Activités humaines
Culture, tourisme
Gastronomie
La région parisienne
Paris-loisirs
Les autoroutes

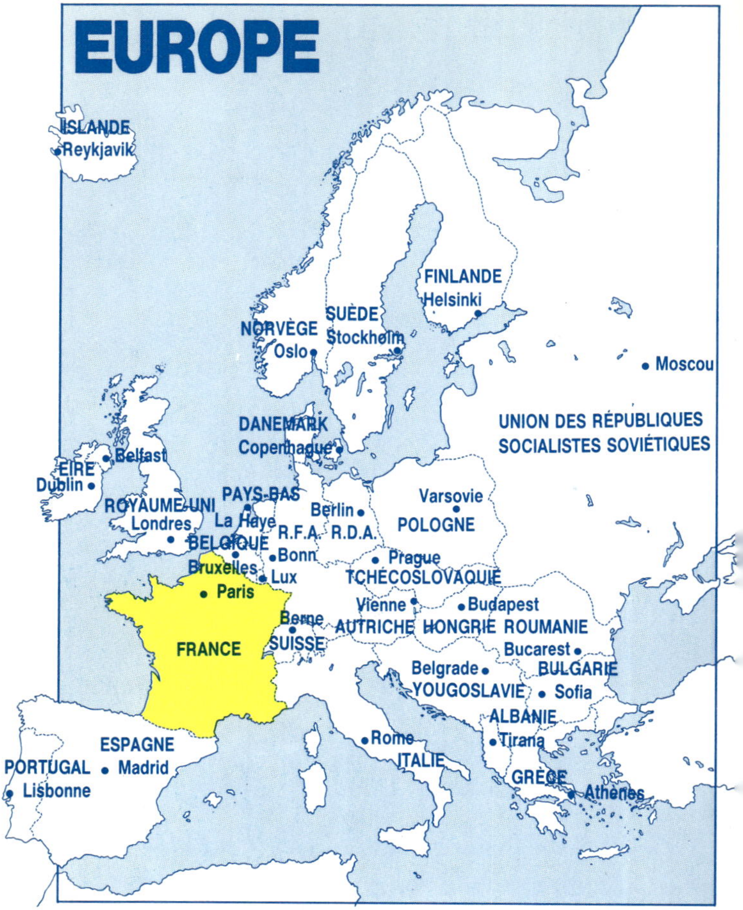

D'OÙ VIENT CETTE VOITURE ?

Liste des abréviations indiquant le pays d'origine des voitures.

ALLEMAGNE (République fédérale d')	D
ALLEMAGNE (République démocratique allemande)	DDR
ANDORRE	AND
AUTRICHE	A
BELGIQUE	B
BULGARIE	BG
CHYPRE	CY
DANEMARK	DK
ESPAGNE	E
FINLANDE	SF
FRANCE (y compris départements et territoires français d'Outre-mer)	F
GIBRALTAR	GBZ
GRÈCE	GR
GUERNESEY	GBG
HONGRIE	H
IRLANDE	IRL
ISLANDE	IS
ITALIE	I
LIECHTENSTEIN	FL
LUXEMBOURG	L
MONACO	MC
NORVÈGE	N
PAYS-BAS	NL
POLOGNE	PL
PORTUGAL	P
ROUMANIE	RO
ROYAUME-UNI DE GRANDE-BRETAGNE ET D'IRLANDE DU NORD	GB
SUÈDE	S
SUISSE	CH
SAINT MARIN	RSM
SAINT SIÈGE	V
TCHÉCOSLOVAQUIE	CS
YOUGOSLAVIE	YU

LIAISONS AÉRIENNES

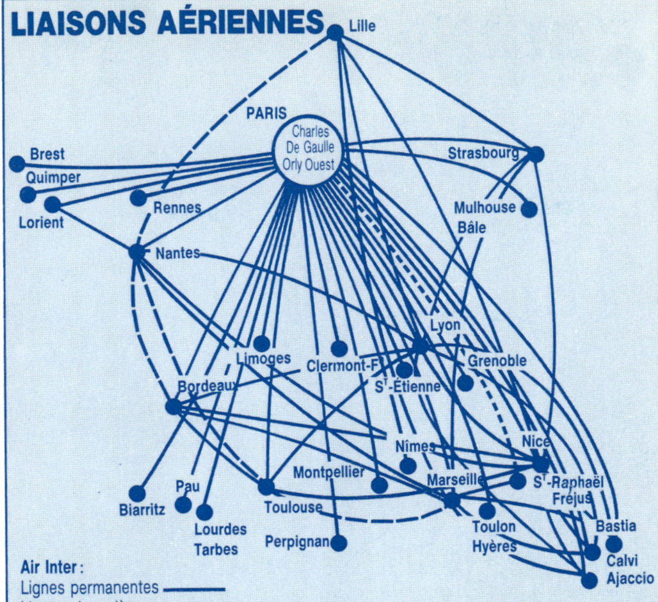

Air Inter :
Lignes permanentes
Ligne saisonnière
Lignes TAT
Pont aérien Paris-Nice-Paris : consulter la documentation Air France.

RÉSEAU SNCF

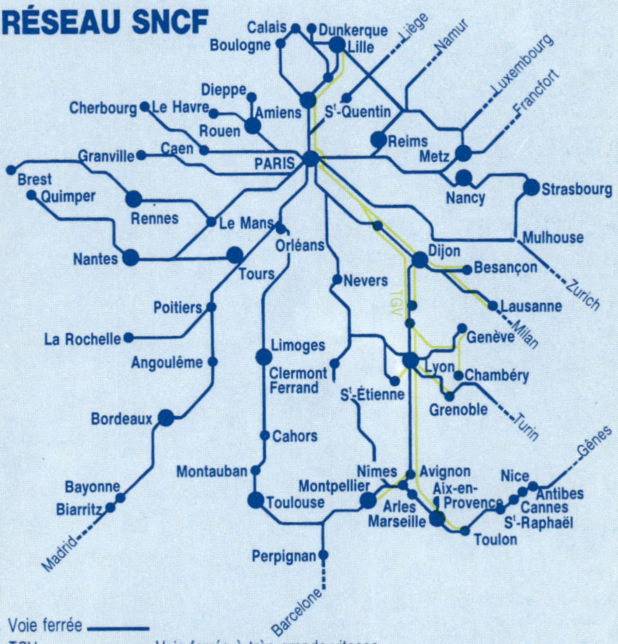

Voie ferrée
TGV Voie ferrée à très grande vitesse

« DOUCE FRANCE »

ACTIVITÉS HUMAINES

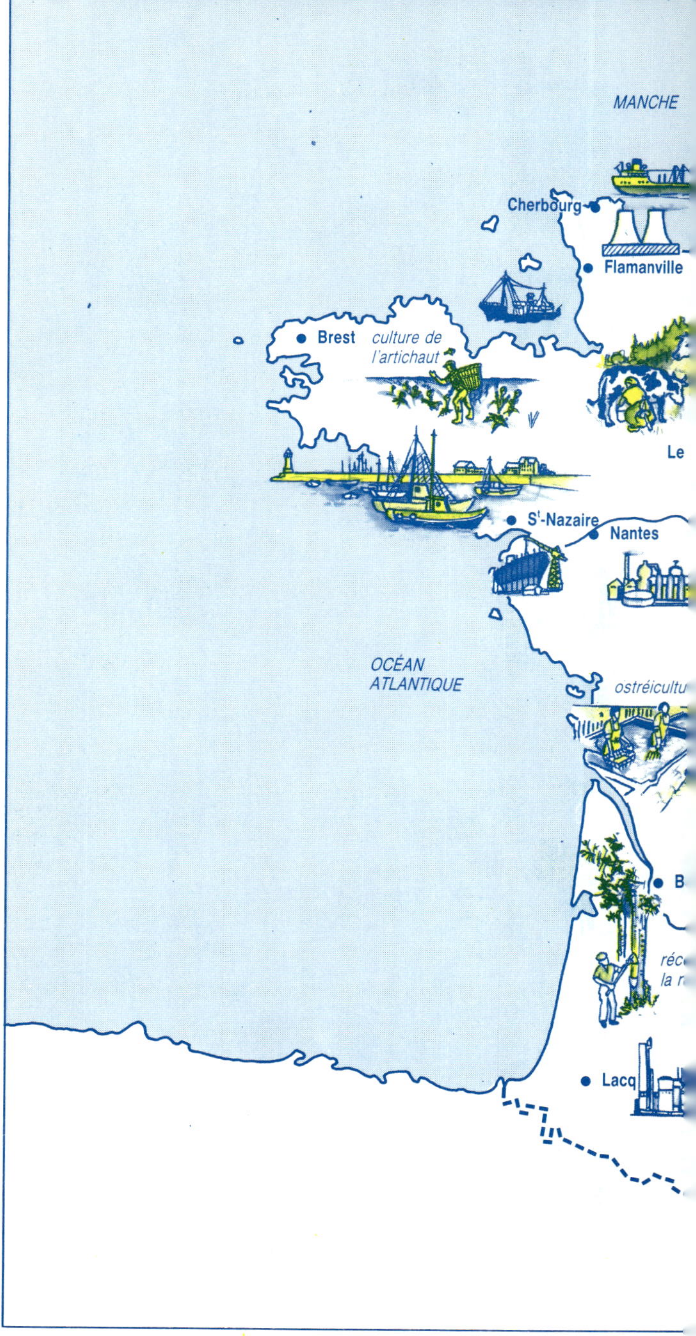

Dunkerque
Calais
Roubaix - Tourcoing
Lille
e Havre
Rouen
Longwy
Thionville
Citroën
Renault
Nancy
Strasbourg
le cristal de Baccarat
Troyes
Fessenheim
Mulhouse
Dijon
Le Creusot
Peugeot
les tapisseries
d'Aubusson
Clermont-Fd
a porcelaine
de Limoges
Grenoble
Carpentras
Nice
Grasse
Toulouse
Marseille
MER
MÉDITERRANÉE
Bastia

CULTURE, TOURISME

■ **Villes universitaires accueillant beaucoup d'étrangers**

★ **Villes de Festival**

- Festival d'Art Lyrique et de Musique, Aix-en-Provence, *juillet-août.*
- Festival international de Jazz, Antibes, *juillet.*
- Festival de Théâtre, Avignon, *juillet.*
- Salon international de la Bande Dessinée, Angoulême, *janvier.*
- Festival du Film Fantastique, Avoriaz, *janvier.*
- Festival international du Film, Cannes, *mai.*
- Festival mondial du Théâtre, Nancy, *juin.*

Le Touquet
Douai
Beffroi
Amiens
Rouen
Horloge
Reims
Cathédrale
Nancy
Place Stanislas
Strasbourg
Parlement Européen
Chartres
Vittel
Canal de Bourgogne
N. D. de Ronchamp
Le Corbusier
Chambord
Chenonceaux
Chinon
Vézelay
Basilique
Dijon
Palais des Ducs
de Bourgogne
Besançon
Poitiers
Vichy
Avoriaz
Lyon
Grottes de Lascaux
Grenoble
Rocamadour
Gouffre
de Padirac
Le Puy
Pont du Gard
Gorges
du Verdon
Avignon
Palais des Papes
Albi
Nîmes
Monaco
Antibes
Toulouse
Montpellier
Arles
Aix
Cannes
St-Tropez
Marseille
Canal du Midi
Carcassonne
Collioures
Ajaccio

GASTRONOMIE

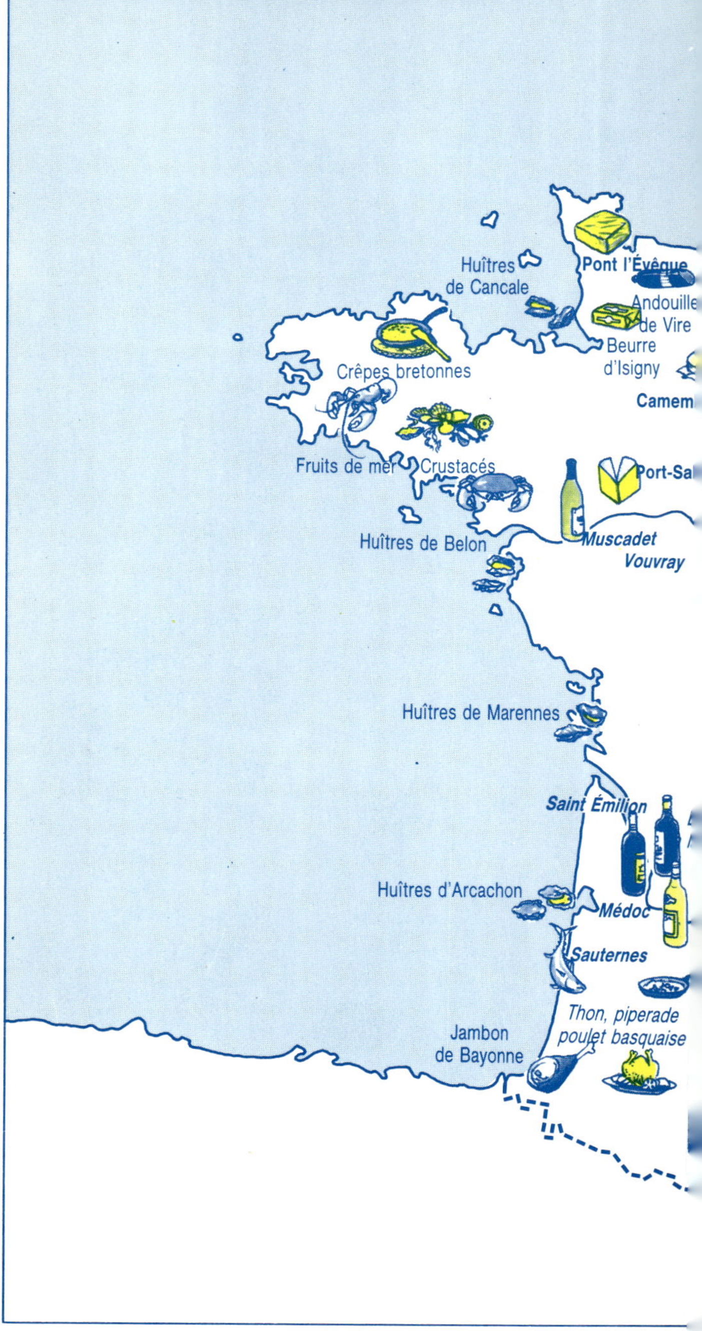

Bêtises de Cambrai
Sole dieppoise
Maroilles
Coulommiers
Tripes à la mode de Caen
Champagne
Sylvaner
Choucroute
Quiche lorraine
Brie
Pralines de Montargis
Andouillette de Troyes
Bonbons des Vosges
Potée lorraine
ettes
Mans
Pithiviers
Chablis
Tourteau fromager
Riesling
Escargots
Sancerre
Fondue bourguignonne
Comté
Pain d'épice de Dijon moutarde, cassis
ettes
Tours
Pouilly Fuissé
Bleu de Bresse
Fromage de chèvre
Beaujolais
Emmental
gnac
Saint Nectaire
Cantal
Bleu d'Auvergne
Trippous
Saucisson de Lyon
Fondue savoyarde
Truffes
Cèpes
Potée auvergnate
ntre-Deux-Mers
Nougat de Montélimar
Reblochon
Confit d'oie
Foie gras
Soupe au pistou
Châteauneuf du Pape
Pruneaux d'Agen
Roquefort
Calissons d'Aix
Pissaladière
Salade niçoise
Melons de Cavaillon
Cassoulet
Saucisse de Toulouse
Ratatouille niçoise
rmagnac
Brandade de morue
Olives de Nice
Côtes de provence
Bouillabaisse, aïoli
Roussillon Corbières
Anchois de Collioures
Vins de Corse
Soupe de poiss
Salami
Bleu de Corse

RÉGION PARISIENNE

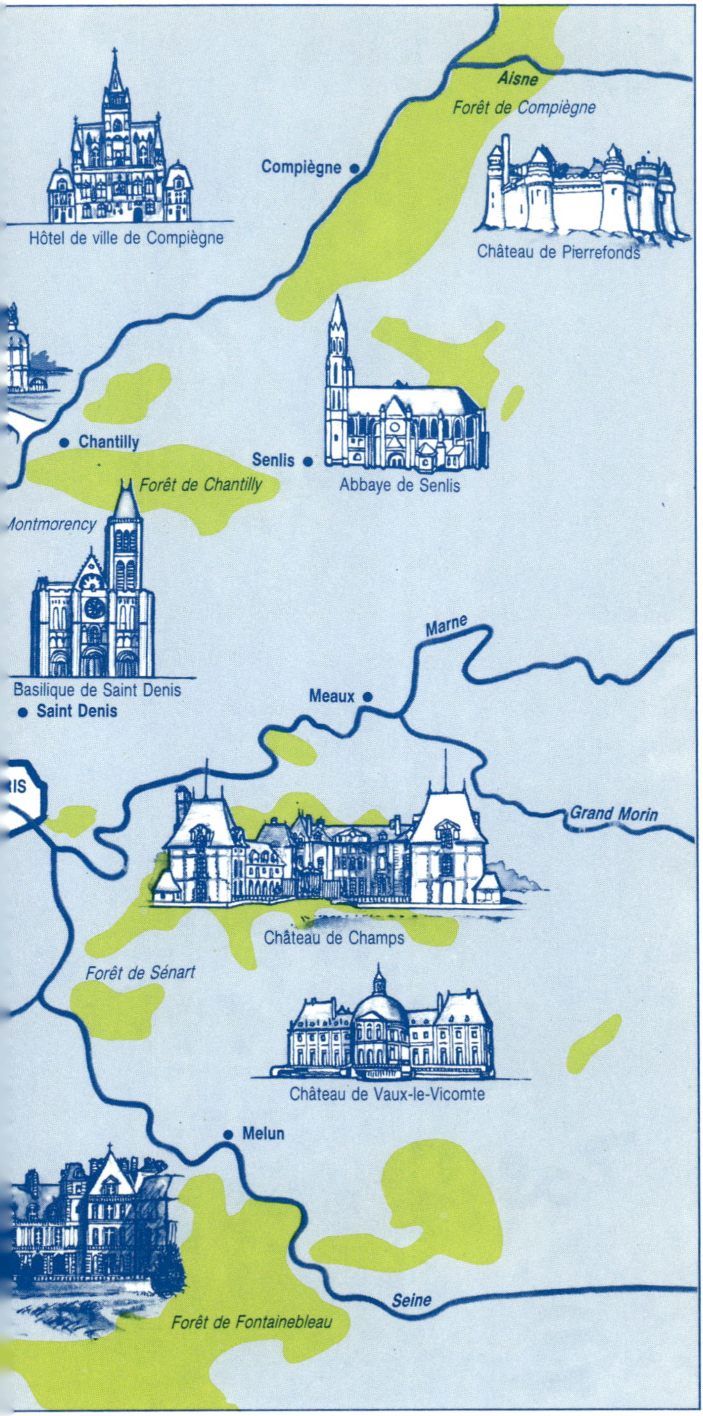

Aisne
Forêt de Compiègne
Compiègne
Hôtel de ville de Compiègne
Château de Pierrefonds
Chantilly
Senlis
Abbaye de Senlis
Forêt de Chantilly
Montmorency
Basilique de Saint Denis
Saint Denis
Marne
Meaux
Grand Morin
Château de Champs
Forêt de Sénart
Château de Vaux-le-Vicomte
Melun
Seine
Forêt de Fontainebleau

PARIS-LOISIRS

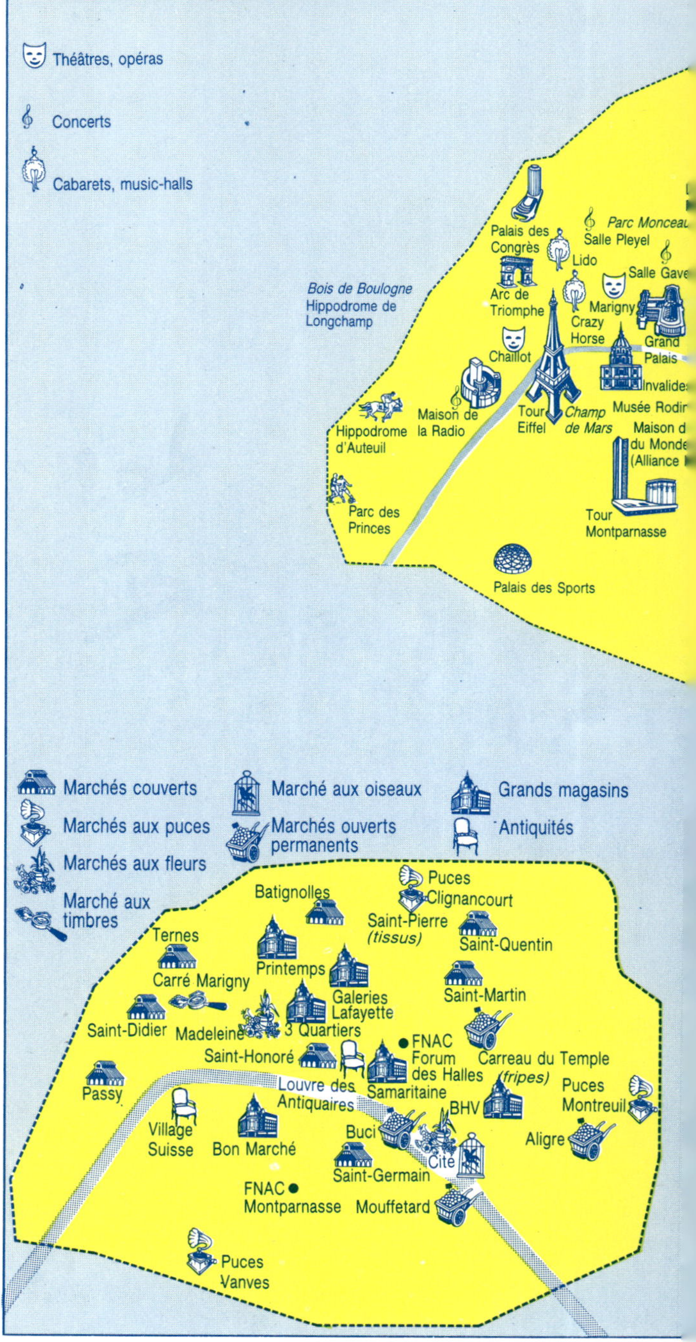

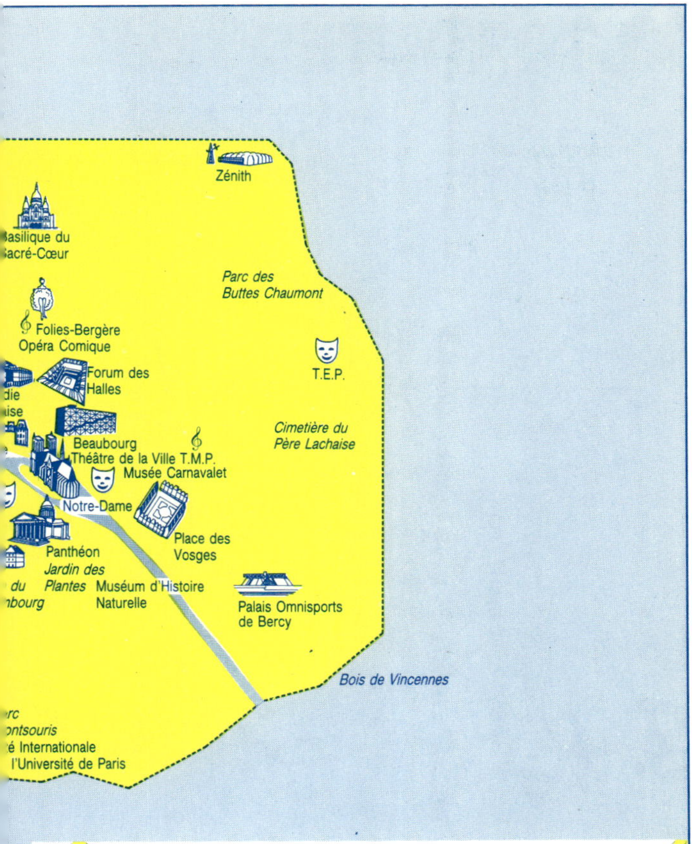

Zénith
Parc des Buttes Chaumont
Folies-Bergère
Opéra Comique
Forum des Halles
T.E.P.
Cimetière du Père Lachaise
Beaubourg
Théâtre de la Ville T.M.P.
Musée Carnavalet
Notre-Dame
Place des Vosges
Panthéon
Jardin des Plantes
Muséum d'Histoire Naturelle
Palais Omnisports de Bercy
Bois de Vincennes
l'Université de Paris

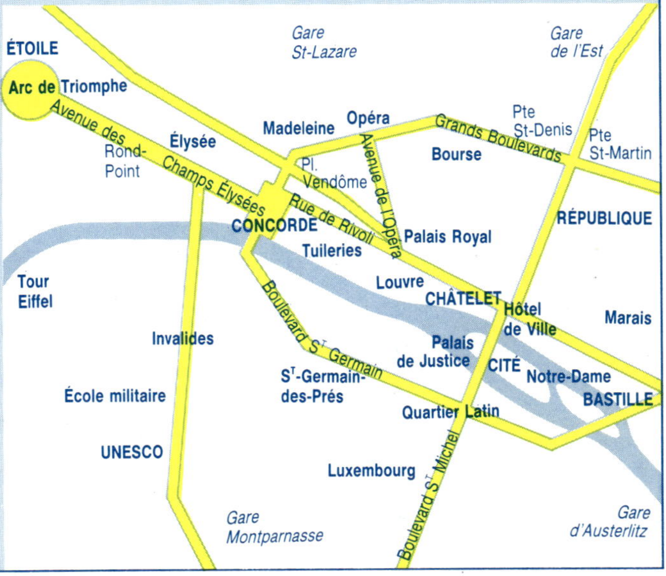

ÉTOILE
Arc de Triomphe
Avenue des Champs Élysées
Gare St-Lazare
Gare de l'Est
Madeleine
Opéra
Élysée
Rond-Point
Grands Boulevards
Pte St-Denis
Pte St-Martin
Pl. Vendôme
Avenue de l'Opéra
Bourse
CONCORDE
Rue de Rivoli
Palais Royal
RÉPUBLIQUE
Tuileries
Tour Eiffel
Louvre
CHÂTELET
Hôtel de Ville
Marais
Invalides
Boulevard S^T Germain
Palais de Justice
CITÉ
Notre-Dame
S^T-Germain-des-Prés
BASTILLE
École militaire
Quartier Latin
UNESCO
Luxembourg
Boulevard S^T Michel
Gare Montparnasse
Gare d'Austerlitz

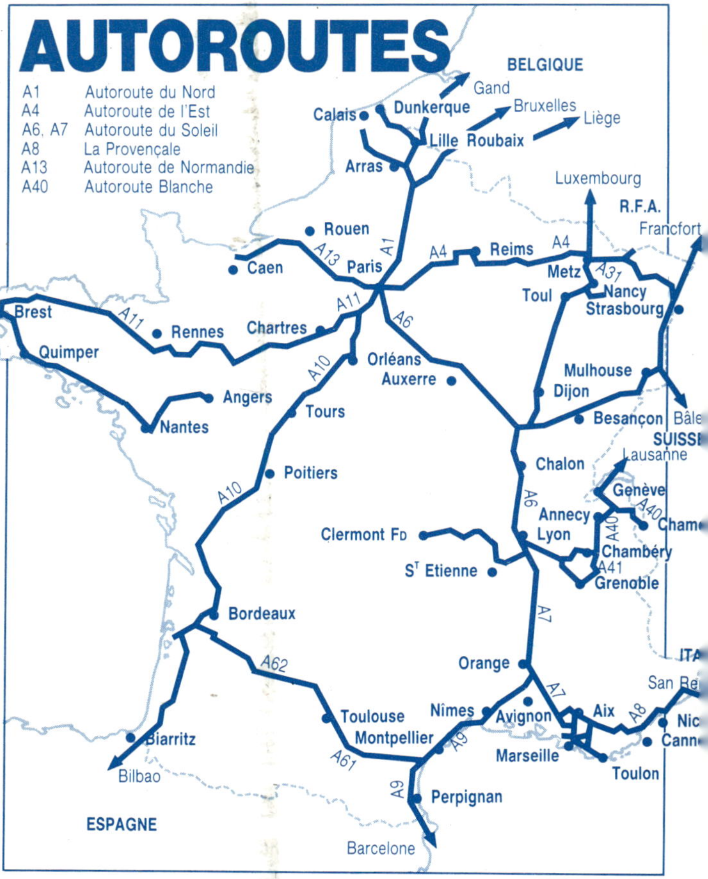

DISTANCES DE VILLE A VILLE

(en km) calculées d'après les itinéraires les plus rapides

	Bale	Besançon	Bordeaux	Boulogne/M.	Brest	Bruxelles	Chamonix	Clermont-Fd	Genève	Lille	Luxembourg	Lyon	Le Mans	Marseille	Montpellier	Nancy	Nantes	Nice	Paris	Strasbourg
Besançon	160																			
Bordeaux	840	680																		
Boulogne/M.	690	500	790																	
Brest	1090	900	630	690																
Bruxelles	560	550	820	220	820															
Chamonix	350	234	790	840	1050	760														
Clermont-Fd	480	330	370	660	760	670	410													
Genève	250	180	710	790	1030	670	95	330												
Lille	630	520	780	120	730	120	760	600	730											
Luxembourg	320	310	860	400	940	230	560	590	460	270										
Lyon	400	230	550	730	980	670	240	180	160	670	490									
Le Mans	710	540	410	370	390	510	730	380	640	430	590	580								
Marseille	700	550	670	1050	1290	970	430	480	470	990	790	310	900							
Montpellier	660	530	500	1030	1040	950	430	370	450	970	780	290	720	170						
Nancy	210	210	820	490	880	340	450	480	380	420	110	380	520	700	680					
Nantes	850	700	330	550	300	680	820	460	720	600	770	630	180	950	740	690				
Nice	640	710	830	1210	1450	1070	400	640	480	1150	1110	470	1060	190	330	860	1110			
Paris	490	420	560	240	580	290	600	390	510	220	380	460	210	770	750	310	380	930		
Strasbourg	150	230	900	590	1030	450	310	560	400	500	220	460	670	780	760	140	840	780	460	
Toulouse	930	780	250	930	860	980	680	380	700	900	950	540	590	420	250	930	560	580	680	960